黄旭华画传

完颜文豪 编著

画传

人民出版社

选题策划：刘志宏
责任编辑：刘志宏
封面设计：汪　阳
版式设计：王　婷
责任校对：张红霞

图书在版编目（CIP）数据

黄旭华画传 / 完颜文豪 编著 . —北京：人民出版社，2023.4
ISBN 978 - 7 - 01 - 023965 - 1

I.①黄…　II.①完…　III.①黄旭华 - 传记　IV.①K826.16
中国版本图书馆 CIP 数据核字（2021）第 232749 号

黄旭华画传

HUANG XUHUA HUAZHUAN

完颜文豪　编著

人民出版社 出版发行
（100706　北京市东城区隆福寺街 99 号）

北京中科印刷有限公司印刷　新华书店经销

2023 年 4 月第 1 版　2023 年 4 月北京第 1 次印刷
开本：710 毫米 ×1000 毫米 1/16　印张：7.75
字数：71 千字　插页：2

ISBN 978 - 7 - 01 - 023965 - 1　定价：40.00 元

邮购地址 100706　北京市东城区隆福寺街 99 号
人民东方图书销售中心　电话：（010）65250042　65289539

　　黄旭华，男，汉族，中共党员，1926年3月出生于广东汕尾市，祖籍广东揭阳市，中国工程院院士。他隐姓埋名30年，为我国核潜艇事业奉献了毕生精力，为核潜艇研制和跨越式发展作出卓越贡献。在某次深潜试验中，他置个人安危于不顾，作为总设计师亲自随核潜艇深潜到极限，创世界首例。荣获国家科学技术进步奖特等奖、国家最高科学技术奖、"共和国勋章"和"全国先进工作者"等。

"共和国勋章"获得者黄旭华

出版说明

　　黄旭华是我国第一代核潜艇总设计师。他隐姓埋名30年，誓做惊天动地事，2019年9月29日荣获"共和国勋章"，并在颁授仪式上发言，引起了广泛的社会反响。

　　为了帮助广大科技工作者，尤其是科技战线上的党员干部更全面地了解黄旭华的先进事迹，我社邀请曾经深入采访过黄旭华的时任新华每日电讯记者完颜文豪编写本书，列入我社"人民英模丛书"中。由于历史原因，书中收录黄旭华求学期间和青壮年时期的照片较少，特此说明。

人民出版社

2022年9月

目　录

引　子

　　中国的第一代核潜艇是黄旭华等老一辈科研工作者在艰苦的条件下自力更生、自主创新研制出来的。每每与大学生或年轻科研人员交流，黄旭华总希望这种自力更生、自主创新的精神能够在年轻一代身上得到传承。

　　黄旭华经常受邀到大学里开讲座。他说自己很喜欢跟年轻人交流，给学生们讲述中国第一代核潜艇研制人员的故事。

　　在很多场合，黄旭华都会提到这样一段历史。在 20 世纪 60 年代，法国也在研制建造核潜艇，本来美国答应给法国反应堆和导弹。

　　然而，正要安装的时候，因为一些原因，美国不再提供相关技术了，法国只好改为建造常规动力潜艇。后来，法国只能自力更生，立足国内，自己研制建造出核潜艇。

　　他希望通过这样的讲述，让大学生们明白，现在科技发展突飞猛进，不自主创新是不行的。所有国家对高尖端科技的保密都很强，在一些领域人家会对我们技术封锁，即便他们愿意分享给我们一些高尖端技术，要么是代价很高，要么附带各种苛刻条件。况且一旦牵涉国防领域，相关技术基本是不会分享的。

第一，发展科技要立足国内，自主研发，不要依赖外国援助。第二，所有的科研工作创新，都不可能条件完全具备，过程中不可能一帆风顺，要克服各种困难，艰苦奋斗。第三，现在所有的科学不是单独的，都是多学科交叉进行的，要懂得大力协同。第四，一定要有奉献精神，想要升官发财不要到我这个研究所来。

在大学交流时，他会嘱咐这些风华正茂的大学生们，在学好专业知识之外，更要学会做人，"做一个有人格的人，不要做一个有人形没人性的人"，因为在他看来"技术越高品德越差的人，对社会危害越大"。

在上海交大120周年校庆演讲时，黄旭华回忆起总体所刚组建时的那段历史，400名职工里有300名是科技人员。一声令下，他们就放弃了在上海、北京等工作条件优越的城市，来到荒凉的葫芦岛，一待就是十几年，"在我国第一代核潜艇研制事业上，他们立下了汗马功劳。"

他问一起工作的科技人员："你们这辈子这样干下去，有什么感想？"得到的答案是："这辈子没有虚度，因为我们实现了毛泽东主席'核潜艇，一万年也要搞出来'的誓言，不是一万年，不是一千年，也不是一百年，而是不到十年。"

站在距离黄旭华20米左右远的地方，1995年出生的上海交通大学安泰经济与管理学院大二学生池松恒，内心正经历一次空前的震撼。他听到这位老校友在讲"这些科技人员给自己一辈子的结论是'此生属于祖国，此生属于核潜艇，献身核潜艇事业，此生无怨无悔'"。

眼前这位站着演讲的老校友，让池松恒在21年的成长经历中第一次发现"爱国""献身国防事业""国家使命"这些宏大的概念，有了最真实的注脚。

黄旭华不仅培养了一批批核潜艇科研人员，他还希望第一代核潜艇研制人员身上的宝贵精神，能够激励一代又一代的年轻人投身祖国的国防事业。

2019年9月29日，黄旭华荣获"共和国勋章"。

2020年1月10日，作为我国第一代核潜艇总设计师，黄旭华荣获2019年度国家最高科学技术奖。

全国先进工作者、全国道德模范……尽管功勋卓著，虽已年逾九十，但黄旭华仍在为中国的核潜艇事业默默奉献，"深潜"了一辈子。"苦干惊天动地事，甘当隐姓埋名人。"

第一章
弃医学工报国志

1. 少年立下学医志

1926 年，依照当时的纪年方式是民国十五年，第二次直奉战争也已过去两年，但是中华大地上仍然延续着此前多年的军阀混战局面。控制着华中数省的直系军阀仍在与奉系联合攻打冯玉祥，并把冯氏军队赶到了遥远的西北。

旧时的政治阴霾即将消散，新生的力量已经孕育，并呈现出日渐壮大之势。代表着中国未来之希望的中国共产党，刚刚成立 5 年。这年秋天，一支新式的国民革命军在广州誓师，开始进行消灭军阀的北伐战争。至 11 月，基本消灭军阀吴佩孚、孙传芳的势力。在北伐战争中，以共产党员、共青团员为骨干的叶挺独立团英勇善战，屡破强敌。随着北伐的胜利进军，共产党领导的湘鄂赣等省工农运动蓬勃发展。

这一年的 3 月，生活在南方的广东省汕尾市海丰县田墘镇的黄树穀、曾慎其夫妇迎来家中的第三个孩子。他们为这个刚刚出生的男孩起名黄绍强，后改名为黄旭华。

动乱的年代，在战争阴云的笼罩下，老百姓生活无疑更加贫穷困苦。好在黄树榖、曾慎其夫妇早些年一起进入汕头教会所办的福音医院，跟随英国医生学习了一些医术后，在田墘镇上开了一个小医务所。

在人们多以打鱼和贩运货物为生的这个镇子上，黄树榖、曾慎其夫妇靠行医赚得微薄收入。此外，这个大家庭在难以度日之时，也同当地人一样做点日用品生意，并在香港开了两间米铺。

这是一个一心为穷苦人行医治病的善良的医生家庭。特别是母亲曾慎其，她在当地做着助产医生的工作。每次遇到穷人家没钱付接生费时，她都笑着说："就让孩子以后叫我一声干妈吧！"于是，这位善良的助产医生在当地有了众多的干儿子、干女儿。

生活的不易，也曾让年幼的黄旭华不断地思考。他曾问过父母，为什么我们要住在这么贫穷的海边乡下？朴实善良的父母告诉他说，他们留下来，是因为他们觉得这地方的人太穷、太苦了。他们在这里行医已经对当地的贫苦人有了深厚的感情，所以他们从来没有想过离开这个贫穷的海边。因为这里太需要医生了。

然而，黄旭华的父母，毕竟都没有接受过正规的医学教育，也没有医学的理论基础，在医疗实践中，碰到一些疑难病症往往毫无办法，也搞不清楚。因此，他们寄希望于黄旭华和他的兄弟姐妹好好念书，将来延续救死扶伤的事业。

一颗善良的种子在年幼的黄旭华心中种下。他梦想着长大后成为一名医生。

那个年代的小学有六个年级，前四年是初小，后两年是高小。由于田墘镇没有高小，读完初小的黄旭华跟随二哥黄绍振去汕尾一所教会办的作矶小学念高小。

在数十年的人生岁月中，黄旭华每每提到这段童年，都会对这两年的经历充满感激。在作矶小学两层楼的小房子里，二十几个孩子跟着三位教员读书。黄旭华跟很多同学一样，因为离家较远，不得不在学校寄读。独立的生活，艰苦的环境，培养了他坚韧能吃苦的性格。

黄旭华从作矶小学毕业后一直怀揣着学医的志向。如果没有抗日战争的爆发，也许他会沿着父母的人生轨迹，走上一生学医、行医之路。

七七事变之后，中国抗日战争全面爆发。国难当前，每个国民的命运都被国家的前途命运裹挟。对小学刚毕业的黄旭华来说，日本侵华战争造成的直接影响是，沿海城市学校关停，学生失去了读书的机会。

此后半年的时间，黄旭华并没有虚度。国难当头，抗日浪潮席卷全国，也很快蔓延至黄旭华的家乡。

在那半年里，他跟着大哥黄绍忠参加当地的抗日宣传队，以文艺演出的形式宣传抗日。2018年，已经九十多岁高龄的黄旭华，对曾经的一幕仍旧记忆犹新。有一天，传言日军要从田墘镇一带的海岸登陆，在紧张又危急的情况下，宣传队都在犹豫要不要继续演出，最终上级组织决定演出计划不变。

那是黄旭华数十年都不曾忘却的场景：台下挤满了观看演出的人，台上演出的话剧《不堪回首望平津》，讲述着抗日战争爆发后老百姓逃难的故事。长相秀气的黄旭华在话剧中男扮女装，扮演流亡难民中的小姑娘。演到抓到汉奸时，话剧达到高潮，台上台下相呼应，台下群情激奋，观众大声喊着："杀！杀！杀！"

这感人又动情的场景，让少年黄旭华深刻体会到，国人在国难家仇之下对日本侵略军的愤恨。他尚未成熟的脑袋里也开始费力地思索，有着五千年文明历史的古老中国，今日何以如此之弱。

2. 炮火下的求学路

抗战爆发后，守护中国未来之希望的众多高等学府、中小学校师生和其他国难下的中国人一样坚强不屈。在日军铁蹄步步紧逼下，中国北方和沿海地区的学校一路西迁，转移到抗战的大后方继续办学，为中国的长期抗战和未来的国家建设源源不断地培养与输送人才。

抗战初期，广东沿海地区的学校搬迁到北部山区继续办学，这其中就包括汕头一带颇有名望的聿怀中学。那时，这所创办于 1877 年的教会学校，已经搬至广东揭阳的一个山沟里。

那是少年黄旭华一心向往的学校。听说聿怀中学在揭阳办学的消息后，黄旭华和大哥黄绍忠毫不犹豫，决定前往揭阳入学。

临别时，母亲又把孩子们叫到一起开始唱歌。那是信奉基督教的父母每当有孩子离家出行时举行的告别仪式。因此，出行前唱几首歌也让童年时代的黄旭华对音乐带有一种离别的仪式感。特别是最后一

首歌，那是每次离别时的固定曲目——基督教赞美诗
《再相会》。

一直到几十年后的2018年，已经九十多岁的黄
旭华，每当讲到童年时的这段往事时就会停下来，他
眼睛看着前方，仿佛回到童年时代全家人合唱那首曲
目的场景里，然后情不自禁地唱了起来⋯⋯

1938年春节，刚过完大年初四，黄旭华就告别
了母亲，跟着大哥离开广东汕尾老家，走上前往揭阳
求学的山路。抗战爆发后，当地的交通基本都断绝
了，原本有一段公路，也因人们担心日军装甲车侵入
而被破坏得满是坑洼。兄弟俩长途跋涉，走了四天山
路。年纪尚幼的黄旭华脚上磨出了血泡，却一路强忍
住泪水，因为他内心太渴望读书了；对日本侵略军的
愤怒和延续父母从医事业的志向，变成了他内心无比
强大的意志力。

他们一路穿过海丰、陆丰，到了揭阳，最后爬过
一个山坡，终于看到了位于揭阳西部山区五经富的聿
怀中学。山坡下的一栋二层小楼加上旁边几间草棚搭
起来的校舍就是聿怀中学的全貌。高中部在小楼里，
初中部在草棚。几间草棚便成了黄旭华和同学们平时
吃、住、上课的地方。

搬入山沟的聿怀中学，仍会受到日军飞机的侵扰。那个时期，日军飞机声一响，老师就提起小黑板带着学生跑进甘蔗林，继续讲课。夏天没有甘蔗林，黄旭华就跟同学们躲在一棵枝叶浓密的大树下上课。

战事最紧张的时候，聿怀中学不得不宣布解散。在学校停办的一个学期，黄旭华转到同样迁入山沟里的韩山师范学校借读。直到1940年春，聿怀中学恢复办学，却仍旧不是一个可以安心读书的地方，日军飞机一来，学校紧急疏散，战事一紧张，学校又停办。

在聿怀中学学习两年半后，黄旭华跟几个同学决定离开此地，到更北边较安全的梅县去。他们从揭阳翻过一座很高的山，走了三天的山路，到了临近江西的广东梅县。遗憾的是，当他们走到梅县时，已经错过了当地较有名气的梅州中学和东山中学的考期，最终，他们投考到尚在招考的一所教会学校——广益中学。

1940年秋，黄旭华终于在这里找到了暂时可以安心读书的地方，却又因家乡被日军占领，中断了与家人的联系，收不到家人的汇款，不得不靠着同学及好心人接济度日。1941年6月初，已经饿了三天的黄旭华无力地躺在出租屋的床上，饿得身上直冒冷汗。近乎绝望之际，他竟奇迹般地收到了家里的汇款。

那时的大哥黄绍忠已经通过桂林中学考取了迁到广东北部乐昌市坪石镇的中山大学。在大哥的鼓励下，黄旭华对当时的桂林中学满心向往。收到汇款有了路费后，他就同几个同学告别梅县，坐长途汽车到兴宁。

在他们到达兴宁的前一天，这座城市正遭受日军飞机大轰炸。他们计划留宿的旅馆被炸得只剩残垣断壁，最后在街上找到唯一幸存的破旧旅馆暂时住下。

黄旭华和几位同学，又不得不辗转韶关、坪石。在去往韶关的路上，终于搭上了一辆私家盐车。这种货车私下带人的做法，在当时被称作夹带"黄鱼"。黄旭华他们就这样被当作"黄鱼"，一路带到韶关。

在颠沛流离的日子里，每次想家的时候，他都会在心里默默唱起离家时那首熟悉又温暖的《再相会》。

3."我要学造船"

　　到了坪石，黄旭华在中山大学与大哥重逢数日之后，又坐火车启程赶往桂林，追寻他梦想中的广西桂林中学。火车中途路过湖南衡阳时，遇到日军大轰炸，衡阳城变成一片废墟，惨不忍睹。1941年9月，黄旭华顺利通过桂林中学的考试，成为该校理科班的一名高中生。

　　彼时的桂林，是西南抗战大后方的文化名城。后来大师与大学云集的昆明，当时的地位尚不如桂林。很多文化名流辗转香港来到桂林，田汉、夏衍、丰子恺、竺可桢等都曾到桂林中学作演讲。

　　这所创办于1905年的中学，汇聚了众多有名望的教师。柳亚子的女儿、时任宋庆龄的秘书、我国著名翻译家、后出任过外交部政策委员会秘书长等政府要职的柳无垢，曾任黄旭华的英语老师。柳老师在课堂上带来很多时政要闻，包括第二次世界大战进程的消息。①

---

① 参见王艳明：《誓言无声铸重器：黄旭华传》，中国科学技术出版社2017年版，第38页。

她丰富的国外阅历和广博的学识令黄旭华记忆犹新。

曾任大学数学教授的许绍衡通过讲授代数课，把黄旭华引入数学这个学科，也为他日后报考"国立交通大学"奠定了理科知识基础。

在抗战后期，作为抗战大后方重要城市的桂林，成为日军重点轰炸的目标。据《桂林市志》等相关史料记载，据不完全统计，从1937年10月至1944年8月，日军飞机入侵桂林1218架次，投弹1710枚，入侵桂林上空多达41次，炸死炸伤无辜平民1950多人，炸毁烧毁房屋7280多栋，炸毁桥梁7座，炸沉民船290多艘……

亲历过桂林大轰炸的黄旭华在心中对那座城市留下了抹不掉的记忆：一阵轰炸后，满城大火，一片废墟，路上树上血肉横飞，惨不忍睹……

进入桂林中学后，黄旭华仍然没有找到"可以安心读书的地方"。他印象中的桂林地貌有些奇怪，"逢山必有洞，无洞不成山"，敌人的飞机一进入广西，桂林的警报声就响彻天空，同学们收拾好书包就往城外跑。当时的城墙由国民党宪兵把守，警报来了，只能跑出城，不能跑进去。黄旭华和同学们躲在城外的山洞里，如果这一天警报不解除，他们就要一直待在山洞里。

每次跟着逃难的人群仓皇跑入山洞时，黄旭华心里就涌出一股怒火。这怒火中夹杂着一种屈辱的悲情。

一直流浪求学、不停躲避敌机轰炸的遭遇，让中学时的黄旭华开始思考这个支离破碎的国家。为什么日本军队那么疯狂，想登陆就登陆，想轰炸就轰炸；为什么中国人不能生活在自己家乡，而是到处流浪；祖国那么大，为什么连一个安静读书的地方都找不到？

战争带给黄旭华最直接的感受就是中国太弱。国家太弱就会任人欺凌、宰割，"我如果学医当然很好，但是我要救国，当时有句话叫'科学救国'。我不学医了，我要读航空、读造船，将来我要制造飞机捍卫我们的蓝天，制造军舰从海上抵御外国的侵略。"

1944 年 6 月，在炮火与轰炸中艰难读完高中三年课程的黄旭华，正临近毕业，也是第四次长沙会战之时。中国军队在付出惨重的代价后被迫撤退，接着长沙沦陷让临近湖南的广西形势愈加危急。

桂林中学已经来不及给毕业班安排会考，只得仓促拍完毕业照、发放临时毕业证，宣布学生们毕业。黄旭华和同学们也因此失去了通过会考报考大学的机会。①

---

① 参见王艳明：《誓言无声铸重器：黄旭华传》，中国科学技术出版社2017年版，第42页。

4. 辗转北上追寻"东方的 MIT"

立志学习航空和造船来"科学救国"的黄旭华，在当时最向往的大学是有着"东方的 MIT（麻省理工学院）"美称的"国立交通大学"。

战时的"国立交通大学"，已经从上海西迁到重庆。黄旭华与几位有共同理想的同学，又一次踏上辗转求学的道路。

1944 年，日军在太平洋战场连续失败，在东南亚陷入困境，实施"一号作战计划"，急于打通中国大陆交通线。日军在打通平汉线后，中国军队在长沙与衡阳会战中失利，长沙与衡阳先后沦陷。这年 8 月，日本侵略军南下向广西桂林和柳州逼近，中国军队与之展开桂柳会战。

1944 年 7 月，黄旭华与同校的几位同学从桂林坐火车，前往第一站柳州。在黄旭华的记忆中，他们的火车到了柳州后，这个城市在一个晚上全乱了，呈现在他们面前的是，人群向火车站蜂拥，提行李的、拖家带口的难民，拥挤着爬上向贵阳撤离的火车。整

青年时代的黄旭华

个火车座位上、走道上甚至门口都堵满了落魄不堪的难民。

在拥挤的人潮中，黄旭华手中只留下一个小提包，其他的行李迫不得已全部扔下，好不容易挤上了火车，却被堵在了门口。旧式的火车，车门处都有一个阶梯，旁边两个铁扶手，乘客上火车要扶着扶手，登几个台阶进去。

黄旭华就坐在外挂在车厢门外的台阶上，跟着逃难的人们匆匆离开柳州。火车在白天行驶时，他的处境相对安全。"到了晚上，万一睡着了，掉下去怎么办？"黄旭华急中生智，就把穿在身上的长裤脱下来，一头绑住身体，一头绑住铁扶手，把自己死死地固定在阶梯和扶手上，两条胳膊紧紧地抱住门两旁的扶手，以这样的姿势坚持了一晚上。火车开到了贵州的独山，就无法再往前走了。

这个位于黔南的县城，距离贵阳的直线距离还有100多公里。几个刚毕业的高中生，在这个地方滞留了两个星期，才最终买到车票，坐上一趟长途汽车前往贵阳。

此时，他们向往的"国立交通大学"还在300多公里之外的重庆。在交通发达的今天看来，这是多么近的一段距离啊！可在那个战火纷飞的年代，铁路交通不发达，公路运力紧张，路上是如潮的难民、源源不断送往前线的兵员，这段路程那么遥远，黄旭华他们又不得不在贵阳停留了一个月。

一群怀揣报国热情的学生，又一次受到了命运的眷顾。与黄旭华同行的同学中，有个人的父亲是国民党的高级军官，在贵阳很有影响力，他们就通过这位军官搭上了一辆去往重庆的军车。

坐上车后，他们才发现这是一辆运送炸药的军车。车厢里是一箱一箱的炸药，而黄旭华和同学们就坐在炸药箱上，就这样在路上颠簸了一个星期，最终到达他们向往已久的重庆。

就像此前一路辗转的求学路上，黄旭华不断错过学校报考期限一样，这一次他又遗憾地错过了大学的考期。

幸运的是，当时的国民政府教育部为了收容沦陷区的流亡学生，在重庆附近的江津县白沙镇临时开办了一个特设大学先修班。这个先修班，给了黄旭华暂时的容身之地。

这个由来自全国各地的流亡学生组成的先修班，在国难之下形成了一种浓厚的学习氛围。这里的学生

都曾亲历了日军侵略对这个国家造成的惨状，以及在
中国民众心中留下的累累伤痕。他们怀抱着满腔热
血，与黄旭华一样，渴望通过自己的努力学到知识，
实现"科学救国"的远大理想。

在先修班读书，全部是公费，不用学生交学费，
吃住费用全免。黄旭华很珍惜这样宝贵的机会，在班
上学习非常用功。一年后的 1945 年，他以优异的成
绩获得了学校的保送机会。

MIT，即美国麻省理工学院，是世界上顶级的工
程学院，"国立交通大学"既然在当时可以被称作"东
方的 MIT"，说明这所大学在工程科学技术领域属于
全国首屈一指。

这个中国当时的工程学科殿堂，在黄旭华心中是
神圣而遥远的。以至于当真正有机会填写被保送大学
的名字时，他竟然没有勇气填上"国立交通大学"的
名字，只填上了一个中央大学的航空系。

差不多同样的时间，"国立交通大学"开始了招
考期，他又鼓起勇气报考了这所大学的造船系。很
快，先修班的保送通知来了，他被成功保送到中央大
学的航空系。这所大学也是当时居全国排名前列的名
校，航空系是他梦想的专业之一。

同时，"国立交通大学"的招考也发榜了，黄旭华名列造船系第一。两个都是名牌大学，两个都是可以实现他"科学救国"志向的专业，他异常兴奋的大脑开始飞速地思索起来。

最终，从小在海边长大、对海洋有着深厚感情的黄旭华，选择了"东方的 MIT"。

1945 年 9 月，黄旭华终于走进了令他念念不忘的"国立交通大学"。

5. 在交大书写青春之歌

在黄旭华走进大学的前一个月，1945 年 8 月 15 日，日本天皇向日本全国广播了实行无条件投降的诏书，中国的抗日战争取得了胜利。

19 世纪末，中国近代著名实业家、教育家盛宣怀秉持"自强首在储才，储才必先兴学"的信念，于 1896 年在上海创办了南洋公学。这所以"求实学，务实业"为宗旨的学校，在建校之初就以培养"第一等人才"为目标，到了 20 世纪二三十年代，已经发展成为中国著名的高等学府，被誉为"东方的 MIT"。南洋公学历经半个世纪的演变，成为抗战时期的"国立交通大学"。

1943 年，我国著名船舶设计师和船舶学教育家叶在馥邀请辛一心、王公衡、杨仁杰、杨槱等一大批英美留学回国的高级造船人才加入"国立交通大学"，创办中国大学的第一个造船系，教学方式效仿麻省理工学院，采用相同的教材。

"第一天到交大上课，我一看课本全是英文，老师在黑板上写的也是英文，考试也要用英文作答，当时我的头都大了。"2016 年 4 月 8 日，这位上海交通大学的老校友在建校 120 周年纪念大会上回忆初入大学的印象时说，他只能加倍努力学习课程，大学时期养成的严格、严谨的习惯让他在此后的科研岁月中"终身受益"。

在交大的四年，黄旭华跟随叶在馥、辛一心等诸

青年时代的黄旭华

多造船专业大家，系统学习了西方先进的船舶制造领域的理论知识，为他日后参与仿制苏联常规潜艇、研制中国的核潜艇打下了坚实的基础。

在 20 世纪 40 年代末的"国立交通大学"校园里，他喜欢打球、音乐、舞蹈。在祖慰所写的《赫赫而无名的人生》那篇报告文学里，同学们这样描述他——"爱唱歌，会唱的歌抄了厚厚一大本。会拉小提琴，比锯木头的声音稍微悦耳些。会吹口琴，这还有点水平。还会指挥打拍子。"

除了这些，黄旭华还会拉二胡、打扬琴。他说自己"看五线谱不太行"，但五六岁时就熟悉简谱。直到现在，这位年逾九十的老人，随手拿起一个新歌的简谱，仍然能唱出来。

在交大同学的印象中，黄旭华是个爱冲凉的广东佬，爱喝稀饭、爱吃红薯，一边上学还得一边去当家庭教师，辅导有钱人家孩子考大学的穷学生。

在家乡的抗日话剧《不堪回首望平津》中扮演过逃难的小姑娘，在街头剧《放下你的鞭子》中也是男扮女装的小姑娘。这些少年时的文艺表演天赋，更是让黄旭华在"国立交通大学"有了用武之地。

不久，一个以学习、组织歌舞、短剧、影子戏等文艺活动的形式，并宣传团结同学，名叫"山茶社"的进步青年学生社团在交大成立。有一副好嗓子和表演天赋的黄旭华加入了"山茶社"。他担任合唱团的指挥，也是社团的活跃分子。他后来加入中共地下党正是发轫于此。

抗战胜利后，"国立交通大学"陆续迁回上海。本是举国欢庆之时，国民党却发动全面内战，让国家和人民再次陷于战火之中。在国民党统治的各大小城市，法币贬值，物价飞涨，经济危机日趋严重。1946年冬，迫于内战造成的经济压力，国民政府教育部压缩教育经费，下令取消"国立交通大学"航海、轮机两科，又作出不准设立此前已批准的水利、纺织、化工三个工程系的决定，由此引发了交通大学历史上声势最为浩大的"护校运动"。

1947年5月13日清晨，在交大地下党组织的领导下，全校95%以上的学生近2800名，登上了65辆挂有"交通大学晋京请愿团"横幅的卡车，向火车站进发。国民党当局下令停止上海开往南京的火车，派军警阻拦，拆掉中途铁轨。

机械系的学生们找来机车和车厢，运用所学知识，开动了火车，土木系的学生们扛枕木、敲道钉，把铁轨重新铺好。一列贴有"交大万岁"标语的火车，向南京缓缓驶去。

火车上的学生队伍里，晃动着黄旭华的身影。当时他不是谈判代表，也不是开火车的人，这位颇有些文艺才能的大二学生，正在行驶的列车上指挥大家唱着《国际歌》和《马赛曲》。

国民政府被学生们的勇气震慑，教育部部长不得不作出答复：同意交大校名不更改，航海、轮机两科不停办，增加学校经费。新中国成立前的交大，也因此被誉为"民主堡垒"。

曾任《人民日报》记者的蒋励君，在新中国成立前就读"国立交通大学"物理系，后来在以笔名金凤写的文章中，回忆老同学黄旭华，在大学时是"那个热情活泼、积极参加进步学生活动并于上海解放前夕加入地下党的小伙子"。

目睹了国民党统治下的腐败后，黄旭华觉得，腐败的国民党是不可能给中国带来希望的，一个国家，如果没有一个为人民、为国家办事情的廉洁政府，是不行的。①

---

① 参见王艳明：《誓言无声铸重器：黄旭华传》，中国科学技术出版社2017年版，第67页。

　　在思想深处，他渴望找寻一种新的希望和力量，迷茫时期他在汇聚进步青年的"山茶社"感受到了这种力量。

　　在20世纪40年代末的交大校园里，黄旭华把《山那边呦好地方》这首从解放区流传来的歌曲学会后，教同学们唱。"山那边哟好地方，一片稻田黄又黄……山那边哟好地方，穷人富人都一样，你要吃饭得做工哟，没人给你做牛羊。"

　　后来他又把这首歌改编成"解放区哟好地方……"这首讲述着解放区平等民主的歌曲，逐渐在交大传唱开来。一颗代表着进步与革命的种子，在他心里逐渐生根、发芽。

　　一直到几十年后，已年逾九十的黄旭华，依然清晰地记着这首歌的旋律和歌词，每次回忆起在交大那段如青春之歌的岁月，便会动情地唱起来。

　　他在"山茶社"受到革命力量的感染后，思想悄然发生了变化。交大的中共地下党组织，在经过对他的长期考察后，派出"山茶社"社员陈汝庆与黄旭华谈话。

　　听到陈汝庆讲中国共产党的政治主张，黄旭华最终确信他已经找到了内心深处苦苦追寻的那股强大的力量。

1948 年冬，黄旭华正式递交了入党申请书。经地下党组织的考察和批准，1949 年 4 月 20 日，他正式成为中国共产党预备党员，加入党组织，并在一年后转为正式党员。

在交大做地下党员的岁月，对黄旭华来说隐秘又紧张。他在文艺活动中是个活跃分子，却在其他的活动和场合中又要保持低调，把自己深深地隐藏起来，这也让他躲过了国民党特务对地下党员和进步学生大逮捕行动。

黄旭华的身影，曾出现在好几次"反饥饿、反内战"的学生游行队伍中，但他都不是"出头鸟"。

上海解放之前，与黄旭华同宿舍的厉良辅上了国民党特务的拘捕名单。1948 年年底的一天夜里，宿舍外有人敲门，说学生会在食堂开会，让厉良辅参加。黄旭华警惕地望了一眼窗外，发现树下有几个黑影，一把抓住了将要开门出去的厉良辅，并告诉敲门的人，"厉良辅已经去了，开会去了。"门外的黑影堵在门口，屋内的人听到钥匙在锁洞里转动的声音。

黄旭华确信，这是特务诱捕不成，要进到屋内抓人。他一面顶住门，一面大喊"特务抓人啦！"整幢宿舍顷刻间轰动了。那一晚，这个机灵的"广州佬"救了厉良辅一命。厉良辅在新中国成立后成为著名的水利工程专家，曾担任郑州工学院（现郑州大学工学院）院长达十年。①

① 参见王艳明：《誓言无声铸重器：黄旭华传》，中国科学技术出版社2017年版，第71—72页。

第二章
隐姓埋名三十年

1."核潜艇，一万年也要搞出来"

新中国成立之初，国家的工业基础极为落后薄弱，很多行业可以用一穷二白来形容。毛泽东同志曾感慨地说："现在我们能造什么？能造桌子椅子，能造茶碗茶壶，能种粮食，还能磨成面粉，还能造纸，但是，一辆汽车、一架飞机、一辆坦克、一辆拖拉机都不能造。"①

百废待兴的新中国，在 20 世纪 50 年代依靠苏联援建的一批工业项目，初步建立了中国的工业基础。

1952 年 4 月，中国政府派海军司令员萧劲光、副司令员罗舜初等赴苏，与苏方商谈用贷款方式购买一批海军战斗舰艇及成套材料和设备。苏联同意将部分舰艇及其建造技术有偿转让给中国，在中国船厂进行装配建造。1953 年 6 月 4 日，中苏两国正式签订了《关于在中国供应海军装备及在军舰制造方面对中国给予技术援助的协定》（简称《六四协定》），苏方

---

① 中共中央宣传部理论局编：《新中国发展面对面——理论热点面对面·2019》，学习出版社、人民出版社 2019 年版，第 20 页。

青年时代的黄旭华

向中国有偿转让几种型号舰艇制造技术。

《六四协定》是中国船舶工业史上一次大规模的技术引进，是在当时中国工业基础薄弱这一特定历史条件下成功的尝试。①

新中国成立后，黄旭华被调入新成立的第一机械工业部船舶工业管理局工作，担任该局设计处总体组副组长，从事民用船舶总体设计工作。1954 年 6 月，他又被分配到船舶工业管理局设计二处扫雷艇与猎潜艇科，从事苏联军用潜艇的转让制造。

这项工作既给了年轻的黄旭华施展所学才能的机会，又让他幸运地遇到了后来与其携手一生的上海姑娘李世英。当时，在设计二处，李世英给苏联专家担任俄语翻译，黄旭华跟着苏联专家学习技术，李世英成了黄旭华和苏联专家沟通的桥梁，二人在日常工作中渐渐产生了好感，慢慢发展成恋人关系。1956 年 4 月 29 日，黄旭华与李世英在上海结为连理。

20 世纪 50 年代末，在基本完成《六四协定》中转让的 6 型舰艇的建造后，我国海军的武器发展逐步

① 参见杨连新编著：《见证中国核潜艇》，海洋出版社 2013 年版，第 20 页。

从转让制造向仿制改进过渡，并力求尽快掌握仿制导弹舰艇的新技术。

新中国成立后曾任国防部第七研究院院长、第六机械工业部副部长、海军司令员、中央军委副主席等职的刘华清将军，是中国核潜艇研制与发展事业的重要参与者和见证者。

《刘华清回忆录》中提到在新中国成立之初开展仿制工作的必要性时指出，对于我们这样一个科学技术水平和工业基础薄弱的国家，要在短时期内赶上世界同等水平，仿制是一个必然经过的历史阶段，是一条应走的捷径，必须要搞仿制。在保证仿制工作正常运转的同时，必须组织一定力量，进行自行设计研究工作。①

通过仿制，提高自行研究设计的能力，逐步实现从仿制到自行研究设计的过渡，成为那个年代发展中国常规潜艇以及其他舰艇的经验和思路。

20 世纪 50 年代，距离"潜艇之父"荷兰物理学家德雷布尔在 1620 年制造出第一艘机械装置的潜艇，已经过去 330 年。用作海战的潜艇，其科技水平和杀

---

① 参见刘华清：《刘华清回忆录》，解放军出版社 2004 年版，第296—297 页。

伤力已经远超德雷布尔那艘笨重的"大木桶"式潜艇。就在黄旭华等我国科技工作者进行苏联常规潜艇的仿制工作时，潜艇技术发生了革命性的变化。甚至对那些变化发生之前的几百年里出现的潜艇，黄旭华认为"那些都不是真正的潜艇"。

第二次世界大战后，美苏两个超级大国展开了一场核领域的军备竞赛。具备二次核打击能力的核潜艇，诞生于1954年。这一年的1月21日，美国建成的世界上第一艘名为"鹦鹉螺"号的核潜艇下水了。三年后，苏联第一艘核潜艇"列宁共青团"号也下了水。

对于这种核动力的新型潜艇，当时有一种说法描述它的续航能力：一个高尔夫球大小的铀块燃料，可以让潜艇航行6万海里，如果换用柴油做燃料，则需要近百节火车皮装运。

隐蔽性好、攻击力强、续航力大、潜航时间长、水下航速高，这些独特的优点让核潜艇成为有核国家"三位一体"战略力量中最有效的第二次核打击手段，也是海洋国家展示军事力量的秘密"撒手锏"。

黄旭华用了一种通俗易懂的方式来对比常规动力潜艇与核潜艇，"常规潜艇是憋了口气，一个猛子扎下去，用电瓶全速航行一小时就要浮上来透口气，像人的潜泳，像鲸鱼定时上浮。只有到了核潜艇，才是真正的潜艇，可以潜下去几个月，可以在水下环行全球。如果再配上洲际导弹，配上核弹头，不仅是第一次核打击力量，而且是第二次核报复力量。有了它，敌人就不大敢向你发动核战争，除非敌人愿意同归于尽。"①

在核潜艇研制之初，中国曾希望争取到苏联对中国核潜艇研制的技术援助。但由于核潜艇属于高度机密的新型尖端武器，我国几次派出高层代表团访苏，都没有机会涉及核潜艇问题。1958年10月，我国派出的中国政府专家代表团去莫斯科商谈导弹核潜艇的技术援助问题，不但没有见到苏联核潜艇，甚至被拒绝讨论核潜艇技术问题。

1959年，苏联领导人赫鲁晓夫来华。据聂荣臻元帅的女儿聂力回忆，当时周总理和聂荣臻在同赫鲁晓夫的谈话中，提出核潜艇的技术援助问题。赫鲁晓夫却说："核潜艇技术复杂，你们搞不了，花钱太多，你们不要搞。"②

① 祖慰：《赫赫而无名的人生》，《文汇月刊》1987年第6期。
② 杨连新编著：《见证中国核潜艇》，海洋出版社2013年版，第34页。

这年的 10 月，毛泽东在同周恩来、聂荣臻、罗瑞卿等谈研制尖端武器时指示说："核潜艇，一万年也要搞出来。"

这句话掷地有声，曾让一代核潜艇研制工作者心潮澎湃。半个多世纪以来，这句话激励着一代又一代科研人员投身于我国的核潜艇研制事业，突破一项项关键技术难题，推动中国核潜艇的创新与升级。

2. 结缘核潜艇，开启深潜人生

1958 年 7 月，在聂荣臻呈报的绝密报告得到中共中央批准后，海军舰船修造部和一机部船舶工业管理局联合组建了核潜艇总体设计组。

同年 8 月，我国第一个核潜艇总体建造厂正式上马。就在这个月的一天，黄旭华突然接到去北京出差的通知，没说什么任务，也没说去多少天，到了之后才知道，他被抽调参加核潜艇研制工作。

当时，从海军和从事苏联"转让制造"常规动力潜艇人员中各抽调一部分，组成了一个 29 人的造船技术研究室，总体划分为船体组、动力组、电气组。黄旭华被分到船体组。

黄旭华清晰地记得，29 个人都很年轻，平均年龄不到 30 岁，除了他和另外两三个结了婚外，其他人都是"光棍"。

随后，党中央又从上海交通大学、哈尔滨军事工程学院选拔一批毕业生加入研制团队。在人才严重匮乏的年代里，一些还未毕业的上海交通大学三年级学生也被选中参加核潜艇研制任务。

1959 年，毛泽东讲出"核潜艇，一万年也要搞出来"后，黄旭华振奋不已。对于这句话，他有这样的理解：中国人有志气、有能力、有信心，下定决心，一定把核潜艇搞出来。同时，他深知自己这一生与核潜艇结下了不解之缘，在内心里下定决心，要把余生奉献给中国的核潜艇事业，"这一辈子非要把核潜艇搞出来不可。"

那个年代，核潜艇技术在各国都被列为最高级别的机密。刚参加核潜艇研制工作时，领导给黄旭华提了几点要求，"这是绝对的保密单位，时时刻刻应该严守国家的机密，不能泄露工作单位、工作性质和任务；要一辈子当无名英雄，隐姓埋名；进入这个领域就准备干一辈子，不能出去，因为国家机密的关系，就算犯错误了，也只能留在单位里打扫卫生"。

黄旭华毫不犹豫地答应了。

"一般的科学家都是公开提出研究课题，有一点成就便抢时间发表，而你们秘密地搞课题，越有成就越是把自己埋得更深，你能承受吗?"以前的老同学这样问过他。

三十多岁意气风发的黄旭华肯定地说："我能承

受，保守核潜艇的机密是我们科研人员应尽的责任和义务，我在大学时加入中共地下党，经受过地下党组织严格的纪律性、组织性的锻炼和考验，相比之下，隐姓埋名算什么？"

2016 年 12 月 20 日，江城武汉冬天里微弱的阳光透过四楼的玻璃窗，照进长江边上一栋老建筑的屋子里。当这个出生于 1926 年的老人坐在窗边的椅子上慢慢回忆那段往事时，才觉得"一辈子隐姓埋名当无名英雄，也有难以忍受的痛苦"。

1957 年，在黄旭华与李世英结婚的第二年，他们的大女儿黄燕妮出生。1958 年，他被调去开展核潜艇研制工作。直到 4 年后，李世英才被组织调入北京从事核潜艇研制资料搜集工作，随后带着大女儿黄燕妮迁至北京，他们的小家庭才得以团聚。

研制核潜艇的国家使命没有给黄旭华太多与家人相聚的时间。后来的十多年里，他们的二女儿李骊和小女儿黄峻相继出生。黄旭华每次回家都是来也匆匆、去也匆匆，偶尔有几次，在家只待了 24 个小时左右的时间，就不得不告别家人，回到核潜艇研制工作中。

小女儿黄峻从小的愿望，就是父亲能带着她去公园里划船。黄旭华每次在工作间隙回到家里，小女儿都会问他，什么时候可以带她去划船。这位已把全部生命投身于中国核潜艇研制事业的父亲，不得不一次次向小女儿作出他也不知道何时能够兑现的承诺。在小女儿满含期待的目光里，他每次都答应下来，但还没来得及带小女儿去，就又接到紧急通知赶回去工作了。后来，小女儿一直没实现小时候的这个愿望。

在从事核潜艇研制的几十年里，他的大部分时间都在研制工作中度过，偶尔回家一趟，三个女儿会给父亲开玩笑说："爸爸，您又回家'出差'了。"在女儿们的玩笑里，这位"工作狂"一样的父亲，把工作单位当成了"家"，却把自己的小家庭当成了偶尔出差的地方。

当记忆回到 50 多年前，每次讲到自己的母亲时，他的声音便会突然哽咽，眼泪涌满了眼眶。他努力克制着情绪，不让泪水流到满脸的皱纹里。

1957 年的阳历新年，已经参加苏联援助中国几艘常规潜艇"转让制造"工作的黄旭华出差回到广东，经组织批准后顺道回了趟汕尾老家。

在送别在家只待了一两天便匆匆离开的三儿子黄旭华时，母亲以前常常唱起的《再相会》，变成了简单几句话的期盼："你从小就离开家，那时候战争纷乱，交通不便，你回不了家，我天天为你祷告，现在抗日战争胜利后也解放了，社会比较安定，交通恢复了，父母老了，就一句话'希望你常回家来看看'。"

黄旭华流着眼泪满口答应了母亲，只是当时的他万万没有想到，这一离别，就是 30 年；再相会时，父亲和二哥都已去世。

3. "一穷二白"，白手起家搞科研

如今，在中国船舶集团有限公司某总体所黄旭华的办公室里，除了装满书的几个柜子和倚靠在墙根的几堆杂志资料外，最显眼的物件就是两个潜艇模型，短一些"身体胖胖"的是中国第一代弹道导弹核潜艇模型，稍长一些"体形苗条"的是中国第一代攻击型核潜艇模型。

有媒体采访时，黄旭华会用双手捧着其中一个核潜艇模型，像慈父在轻轻抚摸自己的孩子一样，向记者回忆这个"孩子"的诞生过程。

而50多年前，这两个"孩子"的"模样"还只存在于黄旭华那一代科研工作者的猜想中。当年被选中参加核潜艇研制任务时，他和其他同事都没见过核潜艇"长什么样子"，"小木屋是房子，摩天大楼也是房子，但是一个能造小木屋的木匠别说造不了摩天大楼，连什么样子都不知道。"

黄旭华回忆说："我们当时只是笼统地认为，核潜艇大概就是常规动力潜艇分成两块，中间加个核反

黄旭华在办公室　熊琦 / 摄

应堆，事实上完全不是这个样子。"

1988 年跟随黄旭华参加核潜艇极限深潜试验，现任中国船舶集团有限公司首席技术专家张锦岚把黄旭华面临的科研任务形象地比喻成"厨师做菜"，"但他这个'厨师'完全没有任何菜的原材料，只能自己先把菜种出来。"

1960 年 7 月，苏联撕毁对中国的所有技术协议，撤走所有苏联专家，中国的核潜艇研制在逆境中被迫走上一条自主研发的道路。

然而，在 20 世纪 50 年代末的中国，没有一个人真正懂得核潜艇，仅有两个从苏联归国的学生也只是学习过常规潜艇知识，没有任何核潜艇的参考资料，加上美苏等国严密的技术封锁，更不会有外国专家的技术援助。

"从物质到知识，用一穷二白来形容一点也不过分，现在回头去看，当时要研制核潜艇，基本的研制条件都不具备，但是我们就开始干了。"黄旭华回忆说。

1958 年 9 月，在核潜艇总体设计组已经组成并开始工作后，二机部设计院和原子能研究所也联合组建了核潜艇动力组，赵仁恺任组长。1959 年，核潜艇总体设计组的船体组改为船体科，黄旭华被增补为副科长。

在核潜艇研制工程的最初研究、设计阶段，黄旭华和同事们在一穷二白的艰难条件下，首先要搞清楚的是核潜艇"长什么样子"。他们思来想去，决定从调查研究入手，先把苏联援助中国转让制造的常规潜艇的一切资料学习、消化，看看一般常规动力潜艇的设计规律与设计要求是什么样的，常规潜艇有哪些技术可以用在核潜艇的设计上。

其次，他们展开对国外核潜艇资料的搜集和调查研究。于是美国第一艘核潜艇"鹦鹉螺"号、美国第一艘导弹核潜艇"华盛顿"号，成为他们的主要研究对象。然而，不管是"鹦鹉螺"号还是"华盛顿"号，关于它们的资料，在当时都是绝密的。极为少量的资料，也隐匿于浩如烟海的国外报道与研究论文中。

在没有任何参考资料和国外援助的条件下，黄旭华和同事们只得大海捞针一般，从国外的新闻报道和学术资料中搜罗有关核潜艇的只言片语。他们搜集到的零零散散、片片段段的资料，真假难辨，"你信了可能会上当，你不信也可能会上当，怎么办？"

黄旭华和同事们在不断摸索中，最终找到了三面"镜子"。第一面镜子是放大镜。他们在浩繁、海量的资料中，用放大镜寻找有关核潜艇的蛛丝马迹，发现了一点一滴的线索就赶紧抓住、记录下来。第二面镜子是显微镜。他们对搜罗到的只言片语，深入细致地分析、研究。第三面镜子是照妖镜。面对真真假假的资料，他们用科学的研究方法和大量反复的运算求证，识别出资料里的圈套，避免上当。带着三面"镜子"，研制团队在科学的迷雾中展开了艰辛的摸索。

日复一日，年复一年，零零散散的数据和资料，通过黄旭华他们的分析与研究，逐渐被拼接出核潜艇的大致模样。对于这些从未亲眼见过核潜艇的研究者来说，他们绘制出的核潜艇模样是主观上估算的美国核潜艇的外形。至于这个模样跟真正的核潜艇还有多大差异，行不行得通，是不是符合实际情况，黄旭华的心里仍旧没有底。

幸运的是，有人从国外带回来两个儿童玩具，这让核潜艇研制团队如获至宝。

那是美国"华盛顿"号核潜艇模型的儿童玩具。模型掀开后，里面是密密麻麻的设备模型，这令黄旭华高兴极了。他和同事们反复地把玩具拆开分析，把它组装起来再拆开。

让黄旭华没想到的是，就是这样的两个儿童玩具，竟然和他们凭着零零散散的资料、完全靠想象画出来的核潜艇图纸基本一样。

这两个模型如迷雾中的一丝光亮让黄旭华看到了希望，"这就说明，我们搜集的资料基本是正确的，这两个模型坚定了我们的信心，核潜艇就是这样子的，没什么太了不起的。"

在核潜艇的早期研究与设计阶段，黄旭华和同事们要对海量的数据进行精确的运算，得到准确的结论。

曾经参与核潜艇研制的黄旭华、赵仁恺、彭士禄等回忆起那段往事时，都会提到他们用作运算的计算尺和算盘。在没有电脑的年代，他们那一代科研工作者就靠着没日没夜地拉计算尺、打算盘珠，来计算出千千万万个精准的数据。

为了保证计算的准确，他们把研制人员分成两三组，分别单独进行计算，出现不同结果重新再算，直到得出一致的、准确的数据。

老一辈科研人员用计算尺和算盘运算出核潜艇需要的海量数据，这让张锦岚觉得不可想象。"核潜艇的数据不是简单地加加减减，而是要运用各种复杂的、高难度的运算公式和模型。"

在国家科研基础薄弱的年代，运算工具与试验设施都同样落后简陋。从 1959 年到 1960 年，黄旭华承担着对核潜艇的设计进行水下试验验证的重任。前期核潜艇的研究设计，必须从数据与图纸上搬到水下进行科学的验证与检验，这也是核潜艇后期制造与定型的关键环节。然而，黄旭华在全国找了个遍，也没找到符合核潜艇水下试验的水池，最后迫不得已利用了上海交通大学的一个水池进行了水下试验。[①] 直到 1961 年，国防部第七研究院第二研究所建造出我国大型试验水池，才为进一步水下试验提供了基本的设施。

在核潜艇早期研究与设计阶段，黄旭华表现出的专业能力以及作出的突出贡献得到了上级组织和领导的充分肯定。1961 年 11 月，他开始从全局上领导和组织核潜艇的总体设计与研究工作。

在黄旭华展开核潜艇研究、设计与试验的时候，核潜艇研制团队里另外一群年轻人正在通宵达旦地学习、吸收着核动力知识。这群年轻人肩负着为核潜艇设计"动力心脏"的重大使命。

---

① 参见王艳明：《誓言无声铸重器：黄旭华传》，中国科学技术出版社 2017 年版，第 105 页。

　　在黄旭华的记忆里，当时的研制团队，绝大部分
工作人员完全不懂核潜艇，同样也不懂核动力，只有
少数一两个人学习过核动力的知识。这一两个人里就
有 1925 年出生的彭士禄。他是中国共产党英烈彭湃
之子，在 1951 年被选派留学苏联，先后在喀山化工
学院和莫斯科化工机械学院学习，并获得了"优秀化
工机械师"称号。就在他准备回国一展抱负之时，国
家因急需核领域人才，建议一批中国留学生改行学原
子能、核动力专业。在祖国建设的召唤下，彭士禄毫
不迟疑地转入莫斯科动力学院攻读核动力专业，后于
1958 年 4 月学成回国。

　　在核动力研究的初期，研制人员就一边从头学习
核动力知识，一边消化吸收争取尽早投入试验。彭士
禄等从苏联回来的核动力专业人才，就在这群年轻人
中开班教学。与黄旭华、彭士禄、黄纬禄并称中国第
一代核潜艇四位总设计师的赵仁恺，在回忆录里提到
那段经历："我们日日夜夜学习、工作，每晚办公室
都是灯火通明，一般都是晚上十一点以后才回宿舍休
息，而第二天早上七点又都出现在办公室里……搞调
研、啃课本、做方案。不懂就学、不会就问。自学、
互教互学、请科学家当老师、开讲座、听报告。那种

奋发图强、废寝忘食，出成果，出人才，战斗成长的日日夜夜，至今我们仍难以忘怀。"[1]

核动力堆设计小组 10 余人钻进北京图书馆、中国科学院档案室等的资料海洋，时常带上馒头和咸菜，从开馆待到闭馆。3 个月后，数以百计的攻关课题提出来，还提出几个核潜艇的总体设计方案。

在一穷二白的年代里，一代年轻的核潜艇研制工作者，不畏艰苦的条件和恶劣的环境，靠着满腔报国热血，白手起家，从零开始学习、研究、设计、试验，用落后简陋的工具与设施，完成了看似遥不可及的任务，用堪称笨重的方式，创造了一个个伟大的奇迹。在中国核潜艇研制的早期阶段，他们的牺牲和付出推动着中国核潜艇的研制事业一步步向前迈进。

---

[1]　参见杨连新编著：《见证中国核潜艇》，海洋出版社 2013 年版，第 39—40 页。

4. 荒岛上的艰苦岁月

　　一转眼踌躇满志投身于中国核潜艇研制事业的黄旭华、彭士禄等科研人员迎来了1962年。在中国核潜艇的发展历程中，这一年注定是不同寻常的。这就是在新中国正如火如荼地开展国家各项建设之时，导致国民经济陷入困境的"三年自然灾害"。

　　这年的上半年，由于国家经济遇到困难，大批工程项目被迫"下马"。其间，核潜艇研制工程更是在国防科研工作"缩短战线、任务排队、确保重点"的方针下被迫叫停。

　　在当时特殊的历史条件下，核潜艇研制工程"下马"，固然有其他一些因素的考量。在《见证中国核潜艇》一书中作者杨连新提到，当时国家科技人员仿制一些型号的常规动力导弹潜艇和鱼雷常规潜艇都困难，自主研制弹道导弹核潜艇就更是难上加难了。原子弹和导弹的研制，是弹道导弹核潜艇研制的前期工作，所以必须先研制出"两弹"取得基本理论和实践经验后再移植到核潜艇上来。把分散的核科研力量、核科研设施和有限的经费集中起来，保证"两弹"的研制，把核潜艇的总体研制推后进行是一个理智的选择。

核潜艇研制工程"下马"，意味着原先选拔、培养出的大批研制人员不得不被分流到其他科研单位。同时从长远考虑，当时领导我国尖端武器研制的部门——中央专委决定保留少数核心科研人员，组成国防部第七研究院十五所，继续从事核动力装置的理论研究和实验。

在只有 160 余名技术人员的十五所，被任命为副总工程师的黄旭华与彭士禄，在人员匮乏、经费有限的艰难环境中，依旧不忘初心，坚持不懈地攻克一个又一个难关，夜以继日地工作着。

从 1962 年核潜艇研制工程"下马"到 1965 年重新"上马"，黄旭华和同事们在这一时期的工作取得了一系列重大突破，确定了核潜艇研制需要攻关的核心课题。他们持续不断地工作，为核潜艇总体方案的选择以及初步设计提供了重要的基本理论和试验数据。

1965 年，中央专委批准核潜艇研制工程重新"上马"。毛泽东主席重申，国防尖端科学技术"要有，要快，要超"。此后，核潜艇研制工程便一路绿灯，重新"上马"。①

---

① 参见刘华清：《刘华清回忆录》，解放军出版社 2004 年版，第 315 页。

这一年 6 月，国防部第七研究院综合了十五所和导弹常规动力潜艇总体研究室等科研力量，在位于渤海湾一个半岛上组成了新的核潜艇总体研究所。黄旭华任副总工程师。

这一时期，核潜艇的研制任务确定为分两步走，研制人员要先攻克核动力难关，研制出攻击型核潜艇，再突破导弹应用于潜艇水下发射的难关，研制出导弹核潜艇。这两个关键技术，实行分开攻关的方法。1965 年开始研制攻击型核潜艇，任务还未结束，1967 年导弹核潜艇的研制便启动了。

20 世纪 60 年代中期，由于国际形势的变化和国防建设的需要，中央作出实施三线建设的重大决定，在中、西部省区的三线后方地区，开展大规模的工业、交通、国防基础设施建设。

其中，西南的云、贵、川和西北的陕、甘、宁、青称为"大三线"，湖南、湖北、河南等一、二线地区的腹地称为"小三线"。

在贯穿三个五年计划的三线建设中，数以百万计的科技人员、工人、大学毕业生、解放军官兵以及上千万的民工，在"备战备荒为人民"与"好人好马上三线"的时代号召下，背起行囊、跋山涉水，在深山峡谷、大漠荒野风餐露宿，以人拉肩扛，逢山开路、遇水架桥的昂扬斗志，投入中西部地区的国防、科技、工业和交通基础设施建设中。

在党中央"准备早打、大打、打核战争"的号召下，黄旭华和其他核潜艇研制人员开启了荒岛上的艰苦科研岁月。

如今，那些曾在岛上奉献青春的老人们回忆起当年的生活和工作条件，仍旧发出"太苦了"的感叹。那个荒岛上风沙很大，一年会刮两次七级大风，一次刮半年，刮得连树都栽不起来，冬天寒风刺骨很难忍受。

2017年年初，已经年逾古稀的某总体所原下属研究室政委马干，回忆起半个多世纪前的荒岛岁月。在研究所的宿舍楼里，马干、孙嫦娥一家与黄旭华、李世英一家是同住三楼的邻居。从宿舍楼走十多步就是海边，遇到刮大风的时候，呼啸的海风会卷起大浪，海水就重重地拍打在他们三楼的窗户上。

在生活物资贫乏的年代，他们一年到头吃着高粱米和玉米面，白面和大米一个月偶尔会发一两斤，青菜更是少得可怜，大部分时候只能吃到土豆、白菜，连大葱都没有，家家户户都在楼下养鸡，鸡蛋留给家里的老人和小孩补充营养，大人一般是舍不得吃的。

食用油供应也很少，黄旭华一家每人每月只有三两油。

在黄旭华的大女儿黄燕妮记忆中，生于南方、长于南方的父母，到了荒岛之后，虽然一开始吃不惯北方的粗粮，但后来也慢慢适应了，偶尔到南方出差，背回来的都不是什么值钱的东西，大包小包里背的都是遥远又熟悉的大米。

生活上的种种艰苦，黄旭华他们都忍受住了，他们知道全国人民都在经受同样的困难。更为重要的是，他们有着比生活重要千倍万倍的使命和任务，生活上的艰难比起核潜艇研制的艰难，太微不足道了。

在马干和老伴的印象中，这位副总工程师性格温和、平易近人，在生活和工作中没有一点架子，平日里碰到谁都乐呵呵地笑着打招呼。

在他们眼中，黄旭华是个典型的工作狂，好像生来就是为了工作的，除了工作还是工作，白天在工作，吃了晚饭又跑去工作了，偶尔晚上待在家里也是看书学习。

1966 年年底的一天，出差到北京开会的黄旭华，突然被冲入会场的一伙人带走，押回荒岛。在开始于这一年的"文化大革命"期间，黄旭华和全国很多科研人员一样，被造反派打倒、批判。

　　然而，一次次的批斗并没有消磨黄旭华和同事们的意志。在"文化大革命"中，像黄旭华一样，无数的科研工作者一边承受着身体与精神的折磨，一边继续攻关着科研难题。

　　在荒岛上的那段日子里，黄旭华忍受着被批斗，干着喂猪、修猪圈的苦活儿，却始终没有忘记核潜艇事业，仍在操劳着核潜艇的技术设计、施工设计等重要工作。

　　"文化大革命"期间，受冲击的远不止荒岛上的总体所，由于核潜艇研制生产单位涉及几百个研究所和工厂，很多工厂、科研单位都陷入混乱，核潜艇的研制工作面临着中断的危险。紧急时刻，刘华清向聂荣臻建议，以中央军委的名义发一个关于核潜艇研制工程的特别公函，强调核潜艇研制工程是毛主席亲自批准的，对国防建设有极为重要的意义，任何人不准以任何理由冲击生产研究现场，不准以任何借口停工、停产，必须按时保质、保量地完成任务。[1]

　　1967 年 8 月，中央军委发出了这份特别公函，为核潜艇的研制事业提供了保障，排除了造反派的干扰。黄旭华和同事们也得以再次全身心地投入核潜艇的研制。

---

[1]　参见刘华清：《刘华清回忆录》，解放军出版社 2004 年版，第 317 页。

5. "三步并成一步"：采用水滴线型方案

　　1965年，我国的核潜艇研制工程重新"上马"后，在率先建造攻击型核潜艇还是建造弹道导弹核潜艇的争议中，中央专委明确先建造攻击型核潜艇。这个重要的研制方向确定以后，就要面临首艘攻击型核潜艇艇型的选择了。

　　当时，世界上最先进的核潜艇艇型是"水滴线型"。核潜艇要在三四百米以下的深水域高速航行，以往常规动力潜艇的线型艇型已经无法满足这种特殊的要求。水滴线型的艇体，每个切面都是圆，艇体与海水的摩擦面积最小，在深水中的稳定性好。这种艇型在水面上的操作性不是最好的，但与普通线型的艇型相比，它的水下战术技术性能却具有较大的优势。① 因此，在世界上这种水滴线型成为核潜艇艇型的最优选择。

　　然而，这种艇体对技术要求极高，当时美苏等大

_____

① 　参见王艳明：《誓言无声铸重器：黄旭华传》，中国科学技术出版社2017年版，第125页。

国也是在不断摸索中完成了水滴线型核潜艇的设计和制造。美国为了实现这种艇型，走了三步：第一，建造水滴线型常规动力潜艇；第二，把核动力装置装在常规线型潜艇上；第三，再把两者结合成核动力水滴线型核潜艇。苏联为了制造出这种艇型的核潜艇，走了五六步。

我国在研制核潜艇过程中，是要重走美国、苏联分步骤走的路，还是一步到位直接建造世界上最先进的水滴线型核潜艇，在研制人员中引发了一场不小的争论。很多研制人员认为，我国的工业基础薄弱，技术条件落后，连普通线型的常规动力潜艇还没设计制造过，难以直接建造技术要求更为复杂的水滴线型核潜艇。不少人主张，先尝试设计制造出常规线型的首艘核潜艇，等积累一定的成熟经验和有了一些技术条件后，再去设计制造水滴线型核潜艇。

从开始核潜艇研制工作起，黄旭华就迷恋上了水滴线型，那是他心中一个完美的艇型。在上海交通大学的水池里，他对这种艇型做了大量试验，已经通过科学的数据运算和试验比较，证明了水滴线型比普通线型更具优势。

在首艘攻击型核潜艇的艇型之争中，黄旭华主张运用水滴线型的方案。他有自己的道理，"美国首先制造出核动力潜艇，也是首先把艇型从常规线型改为水滴线型，最后发现这种艇型设计是合理的，美国分三步走是科学的、稳妥的。我们现在已经知道了，水滴线型是可行的，为何还要重新走一遍美国的老路？"

在祖慰的报告文学中，黄旭华作了这样的比喻：一位侦察兵，走了许多弯路，找到了欲达的目的地，回来给你画了一条最近的路，你为什么偏要按侦察兵走过的原路去走？聪明的大脑不在于自己脑袋有多大，比别人多多少脑细胞，而在于会不会与别人的脑组成一个头脑公司或头脑网络。倘若把智力用在这个地方，就事半功倍！

在这场争论中，聂荣臻指出："（第一艘核潜艇）不要采用常规潜艇的艇型，要重新设计，不然搞得两不像，又不像常规潜艇，又不像核潜艇。"[1] 此后，采用水滴线型的方案，在研制人员中达成一致。

发生在特定历史时期的这场学术争论，使得广大

---

① 王艳明：《誓言无声铸重器：黄旭华传》，中国科学技术出版社2017年版，第128页。

科技人员能够集思广益，一些不易发现的尚未完善的技术问题，在争论中逐渐浮出水面，推动了水滴线型方案的进一步完善。

我国第一艘攻击型核潜艇艇型就此确定下来。在黄旭华的主导下，中国没有重走美苏国家的老路，而是"三步并成一步"，用了不到 10 年时间就研制出第一艘水滴线型核潜艇。

6.“七朵金花”：攻克核心技术难题

在核潜艇研制过程中，黄旭华和同事们总结出七大核心技术难题，并形象地称之为“七朵金花”。

看它们各自在核潜艇上发挥的作用和功能，便可知道这“七朵金花”的重要性非同一般。提供水下长期航行能力的核动力装置，决定战术性能先进性的水滴线型艇型及操控设计，保证极限下潜深度的大直径、高强度艇体结构，先敌发现利器的远程水声系统，体现核潜艇战斗力的武器系统，保障艇员生命生存的综合空调系统，保证水下精准定位的惯性导航系统。①

由于陆上模式堆的成功与否直接关系到核潜艇的成败，因而根据国际惯例，核潜艇的核反应堆在正式装备之前，需要提前在陆地上建造一座模式反应堆，试验成功后再装入核潜艇。②

---

① 参见王艳明：《誓言无声铸重器：黄旭华传》，中国科学技术出版社2017年版，第129—133页。
② 参见杨连新编著：《见证中国核潜艇》，海洋出版社2013年版，第57页。

根据我国"三线建设"的要求，潜艇核动力陆上模式堆和核动力研究设计基地最终选在四川省的山沟里。1965 年，从各个科研单位派出的工作人员来到这个颇具原始风貌的地方，开始工地主体工程施工。随后陆上模式堆的设计、安装、调试和操作，也紧张有序地开展起来。

在工作人员中，既有核潜艇总体所、核动力研究所的科技人员，也有沈阳水泵厂、哈尔滨电机厂和上海锅炉厂等配套工厂的技术力量。整个基地工程建设中，先后来到工地的技术工人、工程技术干部和民工达到数千人。

一直到 1970 年，陆上模式堆才顺利完成了各项试验。紧接着科研人员的"战场"又从山沟向海洋转移。

其实，1965 年，在陆上模式堆启动建设的时候，核潜艇总体建造厂也开始起步。据 1966 年由大连造船厂调到总建造厂的侯君柱副厂长回忆说，那时的船厂，尚未形成核潜艇的生产能力，要承担具有尖端技术的核潜艇建造任务，其难度是可想而知的。①

---

① 参见杨连新编著：《见证中国核潜艇》，海洋出版社 2013 年版，第 74 页。

黄旭华在核潜艇建造现场

在艰苦的条件下，更大的难题在于当时的核潜艇研制人员缺乏相关经验，缺少专业技术人才。据黄旭华回忆，当时只能学习和研究同时进行，苏联留学归来的彭士禄，有着核动力专业知识背景，另一位留苏专家赵仁恺，具有机械相关的知识背景。这些专家就一边搞研究，一边开班授课，培养专业人才，充实到研制队伍中。

核潜艇研制工程"上马"后并不顺利。黄旭华还记得，在解决"有"和"快"的问题上，遇到了比较大的挫折。

当时提出了一个五边政策，一边研究试验，一边设计，一边生产，一边基建，一边试制。但实际上这不符合科学规律，前一个阶段的工作还没做完，后一个阶段就要同时进行，前一个阶段总是出现各种各样的问题，后面全部都得改。那个时候这个政策叫得很响，但出现了很多问题。

科研团队使用了一系列有效的管理手段，克服了五边政策带来的问题，强调一切按照科学规律办事，"不是这个没有搞好，就搞下一个。设备没有试验过关，不能联调；陆上模式堆没有联调成功，不能装艇。陆上模式堆没有安装成功，艇上不能设计；安装

2018 年，黄旭华与
我国第一艘鱼雷攻击型核
潜艇"长征 1 号"

成功后，艇上开始设计"。

"陆上模式堆到了临限，艇上开始安装；陆上模式堆满功率了，艇上开始启动。"他后来回忆说，按照科学规律办事，有了这样的程序，整个研制工作才能顺利进行下去。

由于当时对核潜艇的认识还很模糊，在核潜艇总体施工设计和安装前，黄旭华和同事们先按照 1∶1 的比例，建造了一个木制的潜艇模型。

经过两年多的努力，一个耗资 300 万元，以木材为主体，结合廉价的硬纸板、塑料管、金属皮制成的"木制潜艇"诞生了。这个"木制潜艇"相当逼真，不仅有木质的外壳，内部还按照核潜艇的实际舱室布置了几乎所有的设备仪器模型，内部电缆、管道纵横交错。①

在这座木质宫殿内，黄旭华和科研人员们修修改改，反复调整布局和内部设置，逐渐吃透了所有的技术数据。在当时的条件下，这个"木制潜艇"为我国第一艘核潜艇的开工建设提供了十分重要的工程和技术参考，也大大减少了直接建造中可能遇到的波折。

---

① 参见王艳明：《誓言无声铸重器：黄旭华传》，中国科学技术出版社 2017 年版，第 142 页。

在艰苦的科研环境中，面对"七朵金花"中很多前所未有的科研难题，黄旭华和同事们历尽艰辛，一个个攻关，自主摸索出一整套中国第一代核潜艇的规范和数据。

"我们研制的核潜艇没有一件设备、仪表、原料来自国外，艇体的每一部分都是自己造的，全是国产。"黄旭华斩钉截铁地说。

1970年我国第一艘鱼雷攻击型核潜艇下水。1974年8月1日，中央军委发布命令，将我国第一艘鱼雷攻击型核潜艇命名为"长征1号"，正式编入海军战斗序列，并举行了庄严的军旗授予仪式。① 从此，人民海军翻开了拥有核潜艇的崭新一页，中国成为世界上第五个拥有核潜艇的国家。

---

① 参见王艳明：《誓言无声铸重器：黄旭华传》，中国科学技术出版社2017年版，第270页。

第三章
"潜"心永恒铸重器

1."花甲痴翁"亲历深潜试验

1988年是注定要被载入中国核潜艇发展史上的重要一年。上半年，中国第一代核潜艇顺利完成了三项重大深水试验；下半年，中国第一代弹道导弹核潜艇圆满完成水下发射导弹试验。

中国第一艘核潜艇在14年前已经开始服役，但要达到设计要求的作战能力，仍需进行一系列重大的试验。1988年4月至5月，在我国的南海，一系列惊心动魄的深水试验悄无声息地展开了。"长征4号"核潜艇承担了这次试验任务。

核潜艇深水试验主要是检验潜艇的总体性能和作战能力，包括极限深度下潜（深潜试验）、水下全速航行、大深度发射鱼雷三项试验。[①]

1988年，为了跟着前辈们实践学习，大学毕业后进入总体所刚刚工作3年的张锦岚跟随黄旭华参加了核潜艇极限深潜试验。

---

① 参见王艳明：《誓言无声铸重器：黄旭华传》，中国科学技术出版社2017年版，第173页。

黄旭华（左二）在工作中

据张锦岚介绍，深潜试验是考核核潜艇在极限情况下结构和通海系统的安全性，在核潜艇深水试验中最富风险性和挑战性。

在三项重大深水试验中，深潜试验是其中风险最大、最为关键的项目，也是水下全速航行和大深度发射鱼雷试验的先决条件。1963 年 4 月，美国"长尾鲨"号核潜艇在美国科德角附近海域进行深潜试验，下潜不到 200 米就出了事故，葬身海底，艇上 129 人全部遇难。

"核潜艇的艇壳每平方厘米要承受 30 千克的压力，一个扑克牌大小的钢板，承受水的压力是一吨多，一百多米长的艇体，任何一个钢板不合格、一条焊缝有问题、一个阀门封闭不足，都可能导致艇毁人亡。"黄旭华这样形容深潜试验的危险性。

1988 年 4 月 29 日，是中国核潜艇首次深潜试验定的日子。而很多人都不知道，在试验开始前，参与试验的几个艇员偷偷给家里写了信……"万一回不来，有未了的事情，请家里代为料理"，这更像是一封遗书；还有的艇员拍了张"生死"照，以防万一失败后可以作为最后的留念；更多的人则在宿舍里默默哼起了《血染的风采》，"也许我告别，将不再回来……"一股悲壮的气氛，弥漫在一些艇员中间……

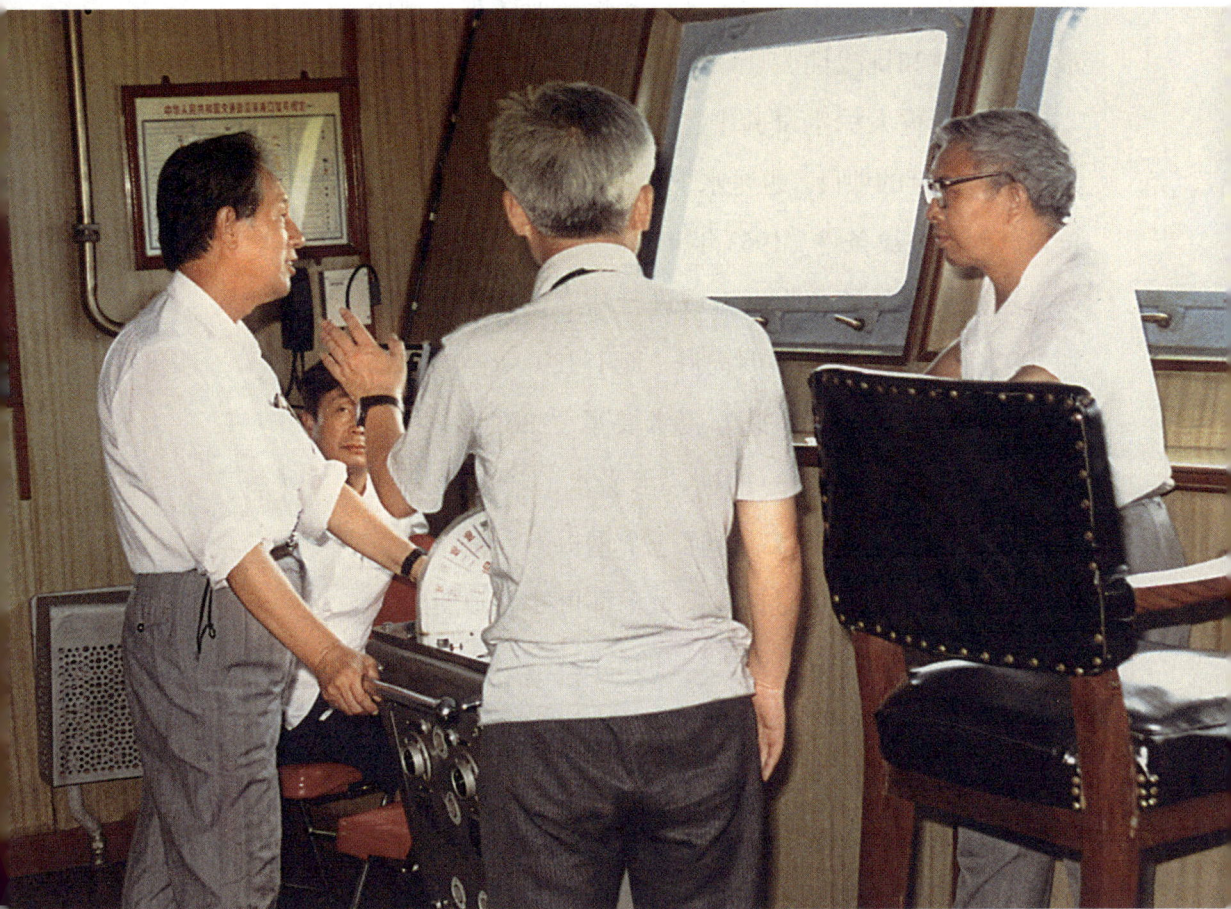

黄旭华（左一）在工作中

看到一些艇员们恐慌的心理状态，更让人感到这是一场将去"赴死牺牲"的试验。紧要关头，已经担任核潜艇总设计师的黄旭华，当即决定跟艇员们一同下水。他的这一举动不仅瞬间坚定了艇员们试验成功的信心，也让他成为世界上第一位亲自参与核潜艇极限深潜试验的总设计师，心情激动的黄旭华出艇后即兴写下：花甲痴翁，志探龙宫；惊涛骇浪，乐在其中！

这位六十多岁的总设计师，深知核潜艇所有的仪器、设备、部件统统经过仔细检查过，展开这次深潜试验是有充分科学依据的，试验是一个深度一个深度地逐渐下去，每个深度都有测试人员把关。因此，他对这次深潜试验抱着必定成功的信念。

4月29日，深潜试验开始了，黄旭华稳稳地站在潜艇指挥室里，注视着指挥员下达深潜命令。下潜中，黄旭华与几位科研机构的领导要求将测得的关键数据用代号表示，艇员们只知道代号，却不清楚代号是什么含义，比如用"A"表示潜艇耐压已到达承受力的临界点，用"B"表示还能承受，用"C"表示难以承受应该停止下潜……[1] 这种巧妙的方法，在当

---

[1] 参见杨连新编著：《见证中国核潜艇》，海洋出版社2013年版，第218页。

1988 年，黄旭华在
某试验基地

黄旭华凯旋

时的紧张环境中消除了艇员们的紧张情绪，保证了所有任务顺利有序地进行。

水下的核潜艇里接连传出不同下潜深度的指令，所有人的精力都高度集中，艇身结构在巨大的水压之下，多处发出"咔嗒""咔嗒"的声响。黄旭华表情平静、指挥若定，内心里却高度紧张。核潜艇又接着20米、10米地下潜，终于到达设计下潜的极限深度。

中国核潜艇首次深潜试验取得成功！潜艇停靠的码头上响起庆祝的掌声，黄旭华站在潜艇上，露出久违的笑容，向码头上的人们挥手致意。

在紧张的试验过程中，黄旭华夫人李世英也在经受着精神上的极限考验。她清楚地知道深潜试验稍有不慎就会艇毁人亡。她不敢去现场，只是远在家中守着电话。当听到电话里传出试验成功的消息后，她在家里喜极而泣，大哭了一场。

"长征4号"首次深潜试验成功后，于1988年5月13日，水下全速航行试验取得成功；于1988年5月25日，大深度鱼雷发射试验也顺利完成。两次试验中，总设计师黄旭华作为指挥小组成员，在水面舰艇上参与决策指挥，亲眼见证了全部试验的圆满成功。

这三项重大深水试验的成功，标志着我国第一代核潜艇的研制走完了全过程。试验证明，我国第一代核潜艇的研制是成功的。

2."潜"功告成：指挥发射试验

据黄旭华介绍，弹道导弹核潜艇工程是由核潜艇总体、艇用核反应堆、水下发射弹道导弹"三驾马车"组成。

自从 1979 年担任工程副总设计师，1982 年任总设计师后，黄旭华就和研制人员一直思考着一个问题，即在设计弹道导弹核潜艇的过程中如何在发射导弹时保持艇体的稳定。恰在此时，他们看到了美国曾发表过几篇具有较高权威性的文章，其中提出了一种方案：在核潜艇艇体底下装一个 65 吨重的大陀螺，利用陀螺高速旋转把艇体平稳下来。

黄旭华刚一看到这种方案，觉得有些道理。然而，要实施这种方案谈何容易，一个 65 吨重的大陀螺，中国是生产不了的。这么大的陀螺安装在核潜艇下，加上辅助设备，潜艇还要给它留出一个相当大的舱室，这样既增加了潜艇的排水量，又降低了潜艇的速度。因此，这条路走下去注定是死路一条。是不是就没有其他的路可以走了呢？

于是，黄旭华发动科研人员，在没有试验设备的情况下，先从理论分析，再到简单的试验，最后他们得出结论：不安装大陀螺，同样可以在发射弹道导弹时保证艇体的稳定。

"美国那么先进，权威文章提到了这种方案，都用了这个技术，我们不用，将来出了问题怎么办？"有的人提出这样的质疑。

黄旭华说："我们的工作是按照科学规律办事，理论分析和试验结论都是符合科学规律的，既然是这样，为什么不能相信自己的结论，非要跟着美国走不可？"

最后，总设计师黄旭华作出了取消大陀螺设计的大胆决定，并得到了聂荣臻和刘华清的支持。按照我国的方案，核潜艇发射弹道导弹时不用大陀螺，依然可以保持艇体稳定。

1988 年 9 月 15 日，在以北纬 28 度 13 分、东经 123 度 53 分为中心，半径 35 海里圆形海域内的一片公海上，一枚导弹从潜入水下的核潜艇里射出，继而冲破海面，刺入长空，消失在远方。

我国自主研发的弹道导弹核潜艇水下发射导弹试验终于取得成功！这一项重大试验项目的成功，使中

1988 年，水下发射
导弹试验任务研究工作
现场，其中第一排右三
为黄旭华

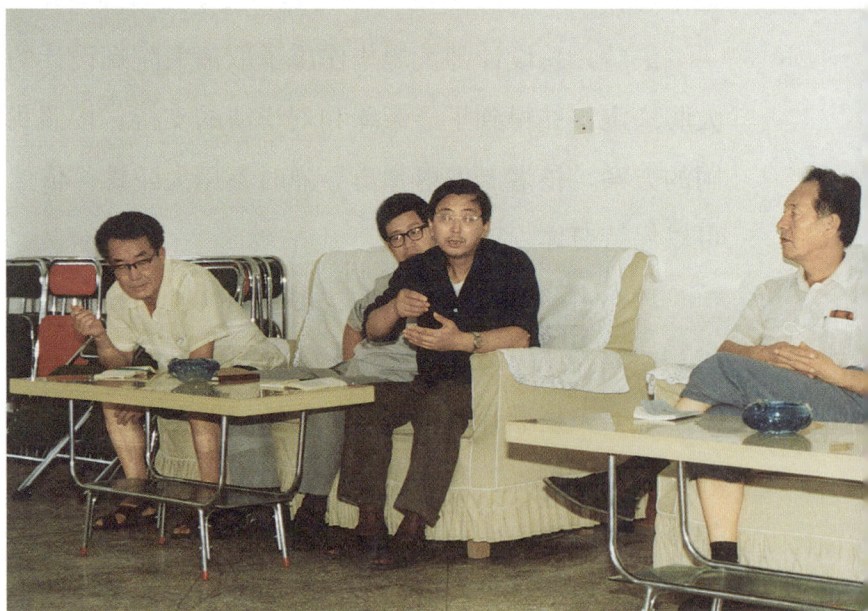

1988 年，水下发射
导弹试验任务研究工作
现场，其中右一为黄旭华

1988 年，水下发射
导弹试验任务研究工作
现场，其中左二为黄旭华

1988 年，水下发射
导弹试验任务研究工作
现场，其中左一为黄旭华

1988 年，水下发射
导弹试验任务现场，黄
旭华对参试人员讲话

国成为世界上继美国、苏联、法国、英国之后第五个拥有导弹核潜艇的国家。

试验成功后，我国第一代核潜艇首任设计师彭士禄，时任总设计师黄旭华、副总设计师黄纬禄和赵仁恺4位总设计师在执行导弹发射任务的核潜艇前合影留念。这张难得的合影中，4位总设计师脸上都露出了灿烂的笑容，这笑容里凝结着几十年的艰苦奋斗与日夜攻坚，也包含着数不清的屡屡受挫与惊心动魄。这是他们的胜利时刻，也是千千万万个中国核潜艇研制人员的光荣时刻，更是我国拥有水下战略核武器的重要时刻。

1989年12月，时任中央军委副主席的刘华清出席了海军和国防工业科研部门召开的潜地导弹系统定型会议。会场上，本来没打算讲话的刘华清，看到黄旭华、黄纬禄等许多为核潜艇奋斗了大半生的老同志后，竟情不自禁地讲了起来：

毛主席说过，"核潜艇，一万年也要搞出来！"老一辈无产阶级革命家下的决心，现在终于实现了！潜地导弹系统的研制是一个巨大的复杂工程，回想当初，条件很差，完全是白手起家，靠的是党的领导，

1988 年，水下发射
导弹试验任务完成后，
领导迎接参试人员凯旋，
其中右二为黄旭华

1988 年，水下发射
导弹试验任务祝捷大会，
其中右一为黄旭华

1988 年，水下发射
导弹试验任务的部分参
试人员合影，其中右三
为黄旭华

1988 年，水下发射
导弹试验任务参试人员
大合影，其中第二排右
十五为黄旭华

艰苦奋斗，自力更生，大力协同。去年海上试验成功，现在要定型了，确实为祖国、为中国共产党争了一口气！我们的核潜艇、潜地核导弹都是成功的，在国际上产生了强烈反响……发展战略核武器，对国家战略意义是很大的。大家是作出了巨大贡献的。应当向所有参加研制工作的专家、广大科技人员、工人、解放军指战员表示衷心的感谢！①

黄旭华在中国第一代核潜艇研制事业中的卓越功勋，得到了党和国家的肯定。1985 年年初，黄旭华因在我国第一代核潜艇研究设计中作出重大贡献被授予国家科学进步奖特等奖。一年后，他荣获"中国船舶工业总公司劳动模范"称号。然而，在报纸发表时，其他劳模都有照片，唯独他没有。在当时他的照片还处在保密时期。

---

① 刘华清：《刘华清回忆录》，解放军出版社 2004 年版，第 476 页。

3. 两位了不起的母亲

1986 年 11 月，黄旭华出差去深圳，经请示上级同意后，回到了阔别 30 年的广东老家，终于见到了白发苍苍的母亲。在与母亲、兄弟姐妹短暂团聚 3 天后，这位忙碌的总设计师，又不得不辞别亲人，去完成他的重大使命。30 年前的"相别"是那样的匆匆，30 年后的"再相会"依旧短暂，在国家的使命面前，他还不能停下脚步，还不能多享受几日与亲人团聚的幸福时光。

1987 年，上海的《文汇月刊》上，刊登了祖慰的长篇报告文学《赫赫而无名的人生》，描写了中国核潜艇总设计师的人生经历。

黄旭华把文章寄给广东老家的母亲。文章只提到"黄总设计师"，没有名字。但文中"他的妻子李世英"这句话让母亲坚定地相信这个"黄总设计师"就是她的三儿子。

母亲没想到，30 年没有回家，被家里的兄弟姐妹们骂为"不要家、忘记养育他的父母的不孝儿子"，

黄旭华在家乡广东
海丰

竟然在为国家做大事。

多年后，黄旭华的妹妹告诉他，母亲当时反反复复地读这篇文章，每次读都是满面泪水。

黄旭华心中这位伟大的母亲，把子孙叫到身边，说了一句让他几十年来都感动不已的话："三哥（黄旭华）的事情，大家都要理解、都要谅解。"

由于他从事的研究工作有着极严格的保密纪律要求，他的工作性质和内容，即便是最亲近的父母，也不能向他们透露半个字。

黄旭华后来回忆说："父亲病重，我工作紧张没回去。父亲去世，我也没办法回去奔丧。父亲直到去世也只知道他的三儿子在北京，不晓得在什么单位，只晓得信箱号码，不晓得是什么地址，更不知道在干什么。"

在中央电视台《感动中国》2013 年度十大人物颁奖典礼现场，主持人白岩松问黄旭华："黄老，父亲走的时候，也不知道您其实这些年一直都在做什么，陆游有句诗里说'家祭无忘告乃翁'，后来有机会的时候，在家祭的时候跟父亲说道说道自己做什么了吗？"

黄旭华回忆说，若干年后，当我们的工作可以公开了，我到父亲的坟前，眼泪控制不住地流下，跟父亲说："爸爸，我来看你了，我相信您也像妈妈一样的，会谅解我。"

李世英也是女儿们心中一位了不起的母亲。在黄燕妮的记忆里，父亲为核潜艇事业忙碌的几十年里，"家的里里外外、大事小事一直是母亲在操心着，父亲的功劳有一半是母亲的，没有母亲的全力支持，父亲也不会把工作做得这么好。"

黄燕妮记得，很多年前，母亲李世英乘坐公共汽车时，被慌忙下车的人从车上撞到车下，摔成重伤，女儿们担心父亲工作忙，不敢告诉他。后来，母亲病得很重，医院都下了病危通知书，单位通知父亲必须要去医院看望。

黄燕妮至今记忆深刻，轻易不会流眼泪的父亲，赶到医院病床前，难得有一次哭了出来，而且哭得很伤心。幸运的是，李世英后来通过治疗恢复了。

有一段时期，黄旭华一家人在荒岛上安下家，终于有了难得的团聚时光。但由于工作保密的要求，他从事的核潜艇研制任务在家里绝不能谈起。所以，在黄燕妮的童年记忆里，她只知道父亲总是在外面忙工作，却不知道父亲整天在忙些什么。

黄旭华与夫人李世英

　　这个家庭似乎达成了某种默契，同在一个单位工作的李世英非常理解丈夫黄旭华工作的紧迫性和重要性。她为了全身心地支持丈夫的工作，独自扛起了家庭的重担，却从来没有过半句怨言。女儿们从小看在眼里，渐渐懂得了，在这个有着特殊使命的家庭里，父亲的工作和事业永远是第一位的。生活中任何的艰难，李世英和女儿们都会共同承担，不会让黄旭华因为家庭的事情分心，也不会把家里不顺利的事情，告诉黄旭华。在"文化大革命"期间，黄旭华被派去养猪，女儿们还帮着他去修猪圈。

　　家人对他工作的理解和支持，是让黄旭华颇为自豪的。说起跟妻子、女儿们的这些往事，年逾九十的黄旭华笑着说："家里人没有一个埋怨我的，说到我她们还蛮高兴。"

4. 父女接力核潜艇事业

　　黄旭华把一生交给了国家的核潜艇研制事业，在他追求这份伟大事业的过程中，家人的爱与理解从来都是形影不离。这伟大的爱与理解，既来自母亲与兄弟姐妹，也源于妻子与女儿们。

　　黄旭华心中对家人的爱与理解充满了感激，但他又是一个不轻易流露感情的人。

　　在大女儿黄燕妮眼中，黄旭华却是一位很重感情的父亲。他爱孩子，也宠孩子。

　　2016年12月末，黄旭华回忆自己一生的经历时，谈到核潜艇的话题，他思路清晰、记忆力惊人。听他回忆自己的人生经历，像在观看一部传记电影，有着完整的情节和细节。

　　说到自己与女儿们的往事，他会笑得很开朗，像个小孩子。在荒岛的日子里，一家人难得团聚。他亲手为女儿们制作风筝，带着女儿们放风筝。冬天，他会找来一个小木板，底下固定两根铁丝，制作成一个小滑冰板给女儿们玩。过年的时候，他带着女儿们堆

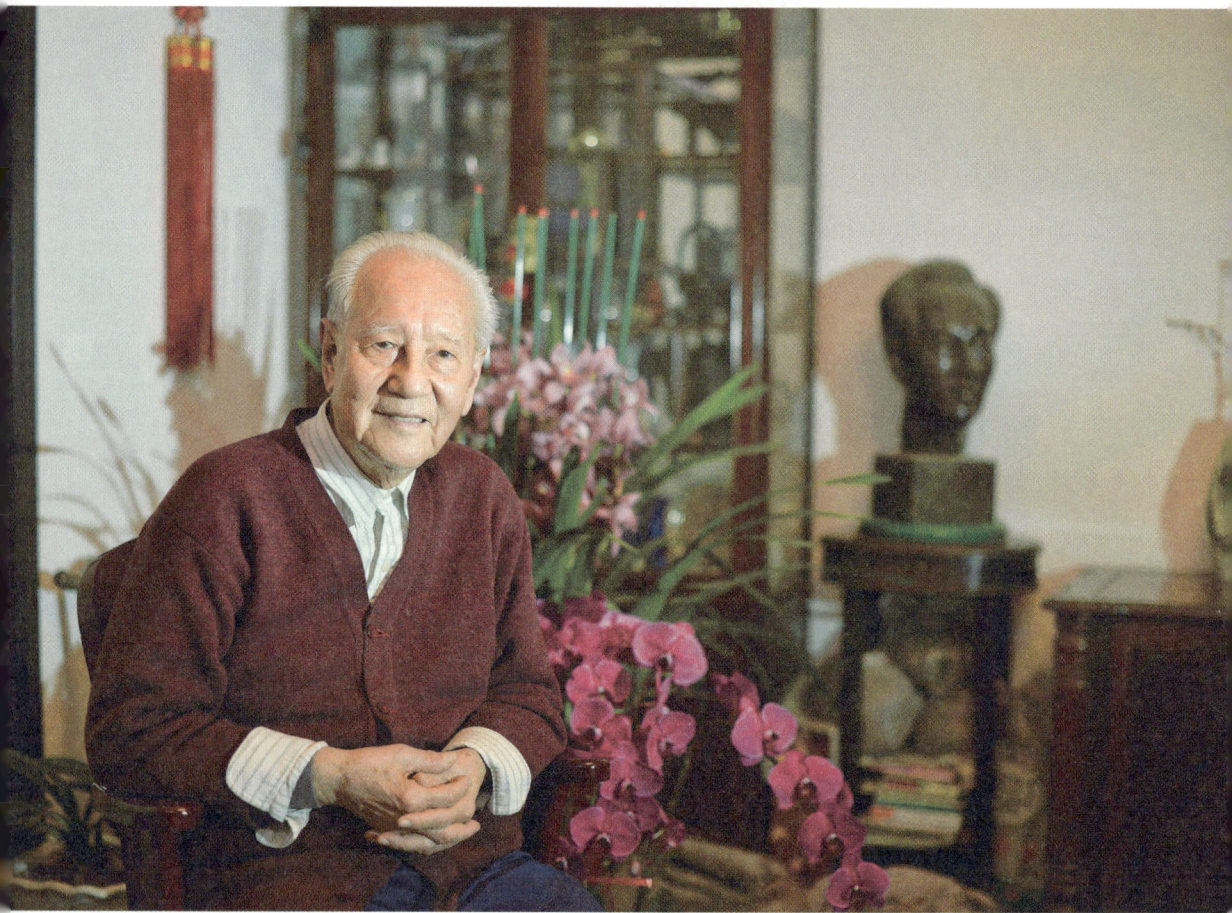

黄旭华在家中

雪人，还会用鞭炮把空罐头盒子炸飞很高，逗女儿们开心。

黄旭华在接受媒体的采访中，说到他已经去世的母亲，声音总是会突然哽咽，眼泪在眼眶里打转，他很努力地控制自己的悲伤。在黄燕妮记忆里，在家里的时候，父亲每次说到奶奶去世时都要流眼泪。

他重感情，不只是对家人，对昔日的同学和同事也一样。一些中学时代的老同学，很多年中断了联系，后来他只要听到了他们的消息，都会去重叙友情。单位里的一些老同事去世了，年迈的他难忘曾经一起共事多年的情谊，仍旧不顾家人的劝阻，亲自去送一送昔日的老同事。

在艰苦的岁月里，黄旭华的家庭依旧保持乐观、和睦的氛围，音乐成了一家人苦中作乐的方式。举办小型家庭音乐会，已经成为这个家庭的一种仪式。自幼有些音乐天赋的黄旭华，平日工作太忙，偶尔回到家中，就是一家人团聚的幸福时刻，他总是张罗着一家人来场音乐会。

据黄燕妮介绍，这是一场全靠业余歌唱者和演奏者撑起来的音乐会，家里几个人吹的吹，拉的拉，唱的唱，没有一个专业的。也没有任何分工，想唱的就唱，想拉的就拉，一会儿是《我们都是神枪手》，忽而变换成了《斗牛士进行曲》，没有固定曲目，想起来什么就唱什么。有用俄语唱的俄罗斯民歌，有用英语唱的美国黑人歌曲，有铿锵的贝多芬第九交响曲中的《欢乐颂》，有轻松的流行歌曲《什锦饭》，有绝响古曲《阳关三叠》……

几十年的时间里，一家人都非常珍惜难得的团聚时间，共同经历着小家庭与大国家的种种变化。而始终不变的是，这种带有仪式感的家庭音乐会，让他们无论在顺境还是在逆境中，都能分享团聚时的其乐融融，感受到家庭的温暖与幸福。

在生活中，黄旭华最开心的时候，是看到孩子们靠自己的努力，而不是依靠父母、依靠别人，取得的哪怕是一点点的成绩，他都会露出很灿烂的笑容。作为父亲的黄旭华，在对女儿们的教育中，他一直希望她们不管遇到什么困难，都不要依靠父母的力量，要通过自己的努力去克服。

青年立下科学报国志，从此一生奉献于国家的核潜艇研制事业，黄旭华的这种家国情怀，也影响了女儿黄燕妮的一生。黄燕妮年轻时，参加总体所在武昌区的招工，以优异成绩考进了父亲的单位。此后几十

黄旭华的休闲时光

年里，她投身到中国的核潜艇事业中，循着父亲的人
生轨迹一直工作到退休。

对于这位总体所前女工程师来说，在这场核潜艇
研制的父女接力赛中，父亲在完成中国第一代核潜艇
的研制任务后，向新一代研制人员交出接力棒，却从
未退场，也从未停下脚步。因为，在这对父女内心深
处，中国的核潜艇研制事业已经成为他们生命中不可
或缺的一部分，他们的一生注定要奉献给这项事业。

5. 年逾九十"潜"心依旧

黄旭华从来都觉得自己很平凡，常说自己是"大海中的一粟，只是在工作岗位上完成了自己的任务而已"。20世纪90年代，有媒体称他为"中国核潜艇之父"，他对此坚决反对。1995年他写了篇文章《我不是中国核潜艇之父》。在他心里，核动力专家赵仁恺、彭士禄，导弹专家黄纬禄，都是"中国核潜艇之父"，全国千千万万人的大力协同工作才有了中国第一代核潜艇。

2013年，中央电视台《感动中国》栏目组决定推选黄旭华为《感动中国》2013年度十大人物之一。栏目组到了他所在的单位采访。黄旭华一再强调这个荣誉是全体核潜艇研制人员的。

到了节目彩排的时候，栏目组宣读感动中国十大人物第一个就是黄旭华。他在心理上和思想上完全没有准备。

直到颁奖现场，主持人白岩松的一席话，才让黄旭华肩上的负担轻了下来。白岩松跟他说："最后，

黄旭华在感动中国人物
颁奖现场

黄老不要动，我要跟您鞠一躬，不仅仅是给您，我想是给所有您的同事，谢谢你们。"那一刻，黄旭华明白，这个荣誉属于他，也属于千千万万个默默奉献的核潜艇研制工作者。

在颁奖现场，《感动中国》推选委员阎肃对黄旭华有这样的评价："试问大海碧波何谓以身许国，青丝化作白发，依旧铁马冰河，磊落平生无限爱，尽付无言高歌。"推选委员胡占凡说："许许多多像黄旭华这样的人，是中国知识分子中最优秀的一群。"推选委员孙伟说："中华民族从来没有像今天一样需要海洋，而在走向海洋的过程中，更需要一份走向海洋的刚强。"

伴随着激昂的音乐，主持人敬一丹宣读了给黄旭华的颁奖词，"时代到处是惊涛骇浪，你埋下头，甘心做沉默的砥柱；一穷二白的年代，你挺起胸，成为国家最大的财富。你的人生，正如深海中的潜艇，无声，但有无穷的力量。"

最后，颁奖现场的屏幕上出现了"誓言无声"四个大字。

1959 年，在听到毛主席"核潜艇，一万年也要搞出来"的指示时，黄旭华在心里发誓："这一辈子我鞠躬尽瘁，非要把核潜艇搞出来不可，其他的事情都不在话下。"

时至今日，黄旭华仍在坚守这个永恒的誓言。老骥伏枥志在千里，年逾九十的他，依然怀抱着梦想，这梦想依然是与他结缘一生的中国核潜艇，他梦想着中国核潜艇更上一层楼。

1994年，黄旭华被聘为中国工程院首批院士。

2016年10月15日，中国首艘核潜艇游弋大洋40多年后退役，进驻青岛海军博物馆码头。

不过，我国第一代核潜艇的总设计师仍在"服役"。

如今，这位已经年逾九十的中国工程院院士，每天8点半走到办公室，开始整理几十年工作中积累下来的几堆1米多高的资料。他希望把这些有价值的珍贵资料留给下一代核潜艇研制人员。

1988年，在完成中国第一代核潜艇极限深潜和水下发射导弹等重大试验后，黄旭华把这个使命般的接力棒传给了下一代核潜艇研制工作者。此后的20多年时间里，他把自己定位为"啦啦队"，给年轻一代鼓舞，关键时刻给他们撑腰；他扮演的另一个角色是"场外指导"，不做教练员，不干涉年轻一代，只在做大试验出问题时，帮他们看看。

他的办公桌上有张彩色照片。照片里他穿着黑色西服裤，白衬衫上打着领带，站在舞台上，左手贴在腰间，右手举高，眼睛炯炯有神地看着前方，像少先队员敬礼的姿势。那是2006年10月19日黄旭华在指挥一场大合唱。

单位每年文艺晚会的最后，全体职工合唱《歌唱祖国》，总指挥这个角色，黄旭华从82岁当到87岁。

他工作时不需要助理，生活中不要保姆，经常一个人拎起水壶去打水，在上海交通大学建校120周年演讲时毅然推开学生们为他准备的椅子。他多年过着雷打不动的规律生活，每天早上6点起床，6点半去打太极长拳，"冬天出门的时候经常天还没亮"，7点钟回家吃饭，再去上班。下午在家的时间，他喜欢看凤凰卫视制作的一些历史纪录片。

但身体只允许他每天工作一上午，他常常能感觉到"年纪越大，时间越不够"，"效率也比原来低多了，过去看资料一目了然，现在要用放大镜去细看，有时候写东西写到一半又忘记了，还要重新再看。"

在黄燕妮很小的时候，父亲黄旭华就已开始靠打太极长拳来锻炼身体，直到九十多岁高龄仍在坚持，

黄旭华指挥大合唱

黄旭华在办公室

113

年逾九十的黄旭华

几十年坚持下来，从不放弃。

"对理想非常坚定，不论在顺境中，还是在逆境中，他认准的道路会一干到底，绝不动摇，绝不放弃。"黄燕妮形容父亲性格时说。

据黄燕妮介绍，中国核潜艇的研制事业，从最初到现在，半个多世纪里，很多人最开始投入进去，也有的人中间到别的单位去了，有后来参与进来的，有干到一半走了的，父亲却从头到尾干到底。

回望自己赫赫而无名的一生，黄旭华的话掷地有声，一如以往，"从 1958 年开始核潜艇研制工作，我献出了自己的一生，我无怨无悔。"

后　记

　　当人民出版社的编辑刘志宏老师找到我，希望我来写作这本画传的文字版时，我内心里又惊喜又不安。

　　惊喜的是，自己此前采访写作的黄旭华院士稿件得到了刘老师的认可；不安的是，我虽有一些人物稿件的写作经历，但自知资历尚浅，没底气来驾驭从未尝试过的传记作品，更不用说要写黄旭华院士这样了不起的人物。

　　在刘老师的再三坚持和极力推荐下，我忐忑地接下这项任务。任务开始后，我深知写作画传文字的经验不足，便时刻提醒自己加倍努力、认真构思，在各个阶段不敢有丝毫懈怠。

　　还未动笔，我就遇到一个很大的挑战。写作黄旭华院士事迹的经典作品，前有20世纪80年代作家祖慰写的《赫赫而无名的人生》，后有2017年湖北大学王艳明教授所著的《誓言无声铸重器：黄旭华传》，名家教授的作品和高度，我自知无法超越。还面对全国不少媒体的长篇报道，我又如何能在画传中写出令人耳目一新的文字来呢？

这个问题萦绕心头，焦虑了很久。有一天，我回想起当初专访黄旭华院士的场景。那是 2016 年 12 月 20 日，江城武汉冬日微弱的阳光，透过四楼的玻璃窗，照进长江边上一栋老房子里。一位出生于 1926 年的老人坐在窗边的椅子上，慢慢回忆起往事。年逾九十的黄旭华院士讲起话来思路清晰、记忆力惊人。听他回忆自己的人生经历，像在观看一部有着完整情节和细节的传记电影。

后来，我在对稿件内容做补充采访时，联系到一个跟我同龄的姑娘。她是一名电影摄影师，也是黄旭华院士的邻居。我们聊起黄旭华院士的经历时，她说自己一直很想把这位邻家老爷爷的人生经历拍成一部《模仿游戏》那样的传记电影。

30 年隐姓埋名，在一穷二白的条件下主持研制出中国第一代核潜艇；如今九十多岁高龄，还在坚持工作，关注着我们国家的核潜艇事业……这个姑娘长大后才发现，自己童年时起就熟悉的"黄爷爷"，原来拥有如此传奇的人生。

回忆起当时两个同龄人的某种同感，我似乎穿过迷雾找到了清晰的方向。不同时代的读者，会对老一辈科学家的经历产生兴趣吗？特别是年轻的"80 后""90 后"甚至"00 后"们，年轻一代成长的环境，已经与老一辈科学家当年的处境有天壤之别。想来想去，我觉得像拍摄传记电影那样来写传记作品，可能是一种不错的思路。

接下来的写作中，我努力回顾当初采访黄旭华院士与身边家人、朋友、同事的种种细节和真实故事，同时大量翻阅相关科研与历史资料，让自己"穿越"回黄旭华院士经历的不同年代，用真实故事的讲述和细节的雕琢构思，来还原黄院士人生的不同场景，如同电影画面一帧帧地呈现在读者面前。

无论当初采访黄旭华院士，还是后续翻阅相关资料，我都被黄院士的潜心奉献和家国情怀深深感动着，我也希望能够通过自己的文字，把这位我国第一代核潜艇总设计师、"共和国勋章"获得者的"深潜人生"故事传递给更多的人，让这种"潜心永恒"的力量抵达读者的内心。

在写作过程中，黄旭华院士所在的总体所及其上级单位中国船舶集团有限公司，以及该集团下属第七研究院，一直给予我极大支持和帮助，中间虽几经波折，却始终积极协调推动《黄旭华画传》的完成。感谢这些单位的支持，从各级领导到具体负责的工作人员，都为此事付出很多。同时，感谢李娟娟女士对书稿的修改完善。

感谢人民出版社的各位领导和编辑刘志宏老师，多次协调促成画传的成稿出版事宜，鼓励和支持我完成画传的写作工作，在写作过程中给予我非常有价值的意见和建议。在我写作遇到资料缺乏的困难时，刘志宏老师积极协调帮忙搜集了很多重要的参考资料。

感谢画传中引用的书目和参考资料的作者们。祖慰先生的《赫赫而无名的人生》、杨连新先生的《见证中国核潜艇》、王艳明教授的《誓言无声铸重器：黄旭华传》，是我写作的重要参考资料，谨向他们及其大作致以诚挚的谢意。

　　最后，感谢所有关心、支持本画传的人！

完颜文豪

2022 年 9 月于北京